海上遗珍

方世忠 主编

复兴路

中华书局

图书在版编目(CIP)数据

海上遗珍:复兴路/方世忠主编. —北京:中华书局,2019.8
ISBN 978-7-101-13952-5

Ⅰ.海…　Ⅱ.方…　Ⅲ.城市道路-史料-上海　Ⅳ.K925.1

中国版本图书馆 CIP 数据核字(2019)第 144247 号

书　　　名	海上遗珍:复兴路
主　　　编	方世忠
责任编辑	胡正娟
出版发行	中华书局
	(北京市丰台区太平桥西里 38 号　100073)
	http://www.zhbc.com.cn
	E-mail:zhbc@zhbc.com.cn
印　　　刷	北京市白帆印务有限公司
版　　　次	2019 年 8 月北京第 1 版
	2019 年 8 月北京第 1 次印刷
规　　　格	开本/850×1168 毫米　1/32
	印张 9　插页 9　字数 200 千字
印　　　数	1-5000 册
国际书号	ISBN 978-7-101-13952-5
定　　　价	58.00 元

俯瞰复兴西路（贺平　摄）

悬铃木掩映下的复兴西路（贺平　摄）

卫乐公寓（贺平　摄）

【复兴西路34号】

良友公寓（贺平　摄）

【复兴西路 91 号、93 号】

李国秦旧居

【复兴西路 140 号】

柯灵故居（贺平 摄）

【复兴西路 147 号】

威尔金逊住宅（今上海房地产科学研究院　贺平　摄）

【复兴西路 193 号】

高逖公寓（贺平　摄）

【复兴西路 271 号】

梅谷公寓（贺平　摄）

【复兴中路 1180—1184 号】

上海大戏院（贺平　摄）

【复兴中路 1186 号】

同济德文医工学堂（今上海理工大学复兴路校区图书馆　贺平　摄）

图书馆屋顶老虎窗（贺平　摄）

【复兴中路 1195 号】

图书馆内部楼梯（贺平 摄）

位育初级中学红楼（贺平　摄）

【复兴中路 1261 号】

伊丽莎白公寓（贺平　摄）

【复兴中路 1327 号】

黑石公寓（贺平　摄）

【复兴中路 1331 号】

新康花园（贺平　摄）

【复兴中路 1360 弄】

克莱门公寓（贺平　摄）

【复兴中路 1363 号】

【复兴中路 1367—1377 号】（贺平　摄）

总　序

方世忠

　　曾有学者说，在很长时间内，上海文明的最高等级是徐家汇文明。当我们漫步在繁华现代的徐汇，依稀可辨这个中国土地上曾经最具规模的西学文化中心有过的繁荣和沧桑。无论是明末清初的"西学东渐"，还是近代中西文化的交流与交锋，都为徐汇留下了深深的历史烙印。

　　如果历史会说话，她应该会通过建筑来表达；如果城市会打扮，建筑无疑是她别具一格的美丽妆颜。在近代走向辉煌的上海，建筑也如雨后春笋般拔地而起。她们包罗万象、星罗棋布，是中国历史长河中一道亮丽的风景线，而徐汇的近代建筑则是其中浓墨重彩的一笔。

　　这些林荫掩映的建筑画廊中，既有饱经沧桑的黄母祠、徐光启墓等传统历史文化遗产，也有融汇中西的土山湾孤儿院旧址、百代公司旧址等近代海派文化遗迹；既涵盖龙华塔、徐家汇天主堂等宗教文化建筑，也包罗徐家汇观象台、南洋公学（今上海交通大学）等科学文化建筑；既有见证历史变迁的上海特别市政府旧址、中共地下党秘密电台旧址等重要机构旧址，也有记载经济发展的大中华橡胶厂烟囱、上海飞机制造厂修理车间等民族工业遗存；既有爱庐、丁香花园等品类繁多的花园别墅，也有武康大楼、永嘉新村等风格各异的公寓式里弄和花园里弄住宅。巴金、聂耳、赵丹、张乐平、柯灵等一大批文艺名流都曾在此栖身。

建筑是凝固的历史，是一座城市的名片和文化象征。没有了老建筑这一历史的见证、文明的标志，不足以形成绵延不绝的中华文明，也就没有今日博大精深的中华文化。习近平总书记说过，历史文化是城市的灵魂，我们要像爱惜自己的生命一样保护好城市历史文化遗产。深入发掘老建筑的历史文化底蕴，努力展示中华文化的独特魅力，是新时期做好城市历史文化遗产保护的重要内容，也是徐汇区委、区政府义不容辞的历史责任。

为留存这份弥足珍贵的城市记忆，编委会以老马路为依托，对徐汇区域内的历史建筑加以分类、择选，并力邀国内历史学、建筑学、文学、宗教学等领域的专家学者倾情撰稿，挖掘这些老房子背后未经披露的闻人轶事和历史人文价值，汇集成《海上遗珍》系列丛书，以飨读者。

2017 年 3 月

（本文作者方世忠系上海市徐汇区人民政府区长）

序

郑时龄

复兴路包括复兴东路、复兴中路和复兴西路，绵延 6 778 米，横贯黄浦区和徐汇区，串接衡山路—复兴路历史文化风貌区。复兴中路为 1914 年法租界越界筑路时修筑，起初命名为法华路，1918 年改名辣斐德路（Route Lafayette），1945 年定名复兴中路。东起西藏南路，西至淮海中路，全长 3 494 米。复兴中路自陕西南路以西属徐汇区，长 1 275 米，宽 18—19 米。复兴西路原名白赛仲路（Route Boissezon），亦为 1914 年法租界越界筑路时辟筑，1945 年定名复兴西路。东起淮海中路，西至华山路，全长 1 040 米，宽 18.5—20.9 米。本书记载的是徐汇衡复风貌区段的复兴中路和复兴西路，全长 2 315 米，大体上较完整地保存了建筑和景观的历史风貌。

复兴路沿线有许多优秀历史建筑和名人故居，按照当年法租界的规定，淡水路以西为欧式住宅区，以东基本上为中式住宅区，因此，建筑的品质差别也泾渭分明。徐汇衡复风貌区的建筑品质是相当高的，沿路多高端公寓、花园洋房和文化建筑。根据 1937 年的街道指南，这条路上的住户几乎全是外国人，历史上，上海滩著名的艺术家、医生、企业家、教授、建筑师、工程师等也多住在复兴路上。《复兴路》述及的建筑多为优秀历史建筑，我在这里也列举一些我所知道的复兴路建筑和建筑师。

复兴西路45号是中国建筑师庄俊（字达卿，Tsin Chuang，1888—1990）于1921年为自己设计的住宅，采用现代建筑风格。庄俊1914年毕业于美国伊利诺大学厄尔巴拿—尚佩恩校区，是最早的从国外留学回来的建筑师，也是中国近代最著名的建筑师之一，领导创建了中国建筑师学会。另一位建筑师吴景祥教授（字白桦，1905—1999）住在复兴西路246号，这幢西班牙风格的住宅是他在1947—1948年为自己设计建造的，具有曲线形的铸铁花饰栏杆和亮丽的墙面色彩，在二楼同样有一座弧形小阳台，俗称朱丽叶阳台。

20世纪30年代的上海有一个蓬勃发展公寓建筑的时期，同时也在追求不同风格的表现，西班牙式住宅应运而生。典型的西班牙式住宅如位于复兴中路和汾阳路转角的汾阳路45号，建于1932—1933年，是上海税务司住宅，在20世纪40年代曾是海关副总税务司丁贵堂的寓所，由中国海关总署营造处英国建筑师韩德利（Morrison Hendry）设计。复兴西路147号白赛仲别墅（今柯灵故居，1933年）由中国建筑师奚福泉（字世明，1902—1983）设计。奚福泉于1929年在德国取得工学博士学位，1930年回国。他设计的入口台阶、带铸铁花饰栏杆的阳台、筒瓦屋面以及大门两旁的螺旋柱等细部均为典型的西班牙风格。他设计的复兴西路44弄玫瑰别墅（1936年），在书中被称为蓝妮弄堂。奚福泉尝试在城市环境中改变一般住宅常用的手法，设计了宽大的阳台，转角带形窗、圆弧形墙面以及圆弧形带形窗，同时以鲜明的色彩墙面装饰弄内的环境。

美国建筑师哈沙德（Elliott W. Hazzard，1879—1943）

1921年到上海担任政府的规划顾问，1924年建立哈沙德洋行（Elliot Hazzard）。他在上海留下了大量装饰艺术派风格和西班牙风格的公寓建筑、住宅和办公楼，1930年为商人盘根设计了位于永福路和复兴西路转角的西班牙风格住宅。其特征包括底层的圆拱敞廊、室外楼梯、筒陶瓦屋面、檐部的连续小拱券饰带、鲜艳明亮的色彩等，室内大厅的两根所罗门柱十分醒目。

复兴西路19号住宅是俄国建筑师李维（原名列文—戈登士达，W. Livin-Goldenstaedt，1878—?）的作品，外观上应用了一些西班牙建筑的元素，如穆迪扎尔风格的铁艺花饰、所罗门窗间柱、檐部的齿形连续小券、水泥拉毛粉刷等。楼梯栏杆柱设计成城堡式样，最有趣的是在楼梯间的窗户铁艺上有一幅斗牛的场景。李维的设计以装饰艺术派风格见长，在上海的代表作有位于南昌路的阿斯屈来特公寓（今南昌大楼），在复兴路上，他设计了位于复兴中路1363号的克莱门公寓（1928—1929年）、位于复兴中路和陕西南路转角的亚尔培公寓（今陕南邨，1930年）、位于复兴中路1327号的伊丽莎白公寓（今复中公寓，1930年）等。

1934年由新马海洋行（Moorhead, Halse & Robinson）设计的新康花园有十一幢二层西班牙式花园洋房，这里原先是建于1916年的新康洋行大班的私人花园住宅，内有网球场、游泳池等。1933年改建为专供外国人租住的花园住宅和公寓。1937年5月，为庆祝英国国王乔治六世加冕，将其命名为欢乐庭院（Jiuibilee Court）。英国建筑师公和洋行（Palmer & Turner）设计的修道院公寓（20世纪30年代）是一组建筑，分南北两幢，中间有廊相连，前楼为二层砖木结构，后楼为三层建筑，每层布置一梯二户，属西班牙风格。

复兴路上的住宅建筑以法国式、现代式和西班牙式为主，也有少量的英国式住宅。例如英国建筑师思九生洋行（Stewardson & Spence）设计的正广和洋行大班宅位于复兴西路和武康路的转角处，是一幢三层英国式大宅，平面呈 L 形，露明的木构架布满了正面和山墙。屋面陡峭，上面有老虎窗。建筑细部装饰精致，二层阳台栏杆用红砖拼砌成图案。属于英国式建筑的还有英国爱尔德洋行（Algar & Co.）设计的复兴西路 193 号住宅，原名威尔金逊宅（今上海房地产科学研究院 3 号楼，1924 年）。

复兴西路 132 号住宅（1936 年）是中国建筑师李英年（1896—?）的作品，在狭窄的基地上留出一块小花园。华盖建筑事务所设计了复兴中路 1462 弄剑桥角公寓（1934年）、位于复兴中路和陕西南路转角的梅谷公寓（1935 年）以及复兴西路 285、287 号住宅（1940 年），均采用现代建筑风格。

法国的赖安工程师（Alexandre Léonard）设计的复兴西路 17 号白赛仲宅（今伊朗驻沪总领事馆，1924 年）采用法国风格，积极倡导现代建筑风格，复兴西路 26 号白赛仲公寓（1929—1933 年）以及复兴西路 24 号麦琪公寓（1934—1935年）是赖安工程师的代表作。麦琪公寓位于道路转角处，十层钢筋混凝土结构，与白赛仲公寓在道路东侧相对。每层有外挑的圆弧形转角大阳台，建筑师巧妙地在极为狭窄的面积仅 220 平方米的基地上设计出一座总面积近 2 000 平方米的十层公寓。

近代上海最著名的德国建筑师是海因里希·倍高（1868—1922），他的事务所倍高洋行（Becker & Baedecker）在居沪德国人中很受欢迎，在上海留下了一些经典建筑，如外滩 15 号的华俄道胜银行（1900—1902 年）、大德总会（1907 年）等。倍高在 1911 年回国后，他的合伙人建筑师倍克设计了位于复兴中路 1195 号的德国技术工程学院（1912—1917 年），采用德国学院建筑风格。

匈牙利建筑师邬达克（Ladislaus Hudec，1893—1958）也在复兴路留下了作品，在克利洋行时期设计了复兴中路 1477 号住宅（1921 年），以后又设计了复兴西路 133 号花园住宅（1931—1932 年）以及位于复兴中路 323 号的辣斐大戏院（今长城大戏院，1932—1933 年）。

这本呈现给读者的徐汇历史风貌道路系列丛书之三《海上遗珍：复兴路》收录了著名的学者、历史学家和作家关于复兴路上的历史文化名人和优秀历史建筑的文章，既有建筑的历史沿革、轶闻趣事，也有对曾经居住在这里的文化名人的描述，行文以可读性为主，书中的各篇文章具有重要的文献意义。

2019 年 5 月 12 日

（本文作者郑时龄系同济大学教授，博士生导师，中国科学院院士）

目　录

麦琪公寓：一种想象的上海生活

周立民

一

冬天刚刚过去，春日的暖阳拍着我们的肩膀。一个中午，我与一位朋友在麦琪公寓对面的饭店吃饭，走到路口时，与她聊起面前这幢楼。几天后，她微信里传给我一幅题为《机车女御》的老月份牌画，画的是骑着摩托车的健美少女，后面的背景引人注目，它就是麦琪公寓。

这幅画出自有名的月份牌画家杭稚英（1900—1947）之手。杭氏，浙江海宁人，少年时代随父来到上海，曾在土山湾画馆习画，后入商务印书馆从事设计工作。20 世纪 20 年代初，自立门户，创立"稚英画室"，与金雪尘、李慕白合作，承揽各种广告设计业务，人们熟悉的美丽牌香烟、双妹牌花露水、雅霜、阴丹士林布染料等流行一时的商品包装设计都出自他们之手，"稚英画室"一时间名震上海滩。这幅《机车女御》，不同于习见的传统美人月份牌画，而是充满都市的摩登感。这位美女不是穿着旗袍的传统美女，而是穿着短袖衫、运动裤的现代女郎，骑着大轮摩托车，时尚元素十足。身后的背景，也不是亭台楼阁或室内小景，而是一座具有现代风格的公寓大楼，能够感觉到杭氏紧跟潮流的画风。如果说，月份牌画是那个时代社会风尚的橱窗的话，那么从这个橱窗中，我们能够看到，麦琪公寓在当时人们生活想象中的重要位置：它已成为新都市入画的元素，承载着人们对于城市生活的美好憧憬。

与今天我们看到的不同，图画中麦琪公寓（Magy Apartments），周边并无什么高大建筑，却有一丛丛绿树。这与当时的老照片呈现的图景是吻合的。最初建成的时候，麦琪公寓与周边的环境要比现在更和谐，至少周边不是这么拥挤。建筑不是天上落下的陨石，它应与周围的环境融为一体，构成完美的对话关系。当时的麦琪公寓就是这样，东西两侧林荫道托起它，又成为它的延长线，构成一个延伸的空间，要是有一位风景画家来画它，也一定很入画。

乌鲁木齐中路，旧名麦琪路（Route Alfred Magy），麦琪公寓由此得名。查1947年老地图，此时的麦琪路，已经改名为迪化中路，辣斐德路改名为复兴西路，霞飞路的这一段，改名为林森中路（今淮海中路）。这三条路围成的一个三角地，自然天成地形成一个小公园，那时它已叫迪化儿童公园，在以前，它叫宝昌公园。虽然很小，也没有外滩公园、虹口公寓、顾家宅公园（复兴公园）、兆丰公园（中山公园）名气那么大，却也是历史比较悠久、在租界区中占有一席之地的公园。它建于1924年，属于法租界公董局，1943年才改名为迪化公园。这个"宝昌"也是有来历的。淮海中路，1901年初筑时名西江路，1906年名为宝昌路，1915年又改称霞飞路。"宝昌"和"霞飞"，都是法国人物的名字。宝昌是法租界公董局举足轻重的人物，从1881年至1907年连任十五届董事，其中任总董事即有五届，为了纪念他，这条路即以他的名字命名。当时，上海的公园并不算多，住在麦琪公寓的人出门便能享受到公园，不能不说是一种福气。反过来，这又证明了它的位置得天独厚。

一座建筑，如果缺乏历史感、时光印迹，缺乏人的气息，仅仅是石头和水泥，无论它多么昂贵和精美，也是枯燥、乏味的，是无法给人们提供太多想象力的。纯粹的物质，很容易被替代。麦琪公寓则不是这样，每一次，走过它面前的这个路口，我都能感受到一股强烈的市井气息，在车来人往的洪流中，眼前的情景由彩色照片逐渐转回黑白照片，在时光倒流中，我想象着一种上海生活……

二

我摊开一份1947年的地图，试图想象如果当年站在麦琪公寓的顶层，向四周望去，我能够看到什么。不论是背后的常熟路五原路方向、永福路五原路方向，还是向前的林森中路方向望去，这片区域都是规划有序的住宅。与麦琪公寓相邻的一边，复兴西路这边18—20号是彩虹公寓（Rain Bow Apartments），22弄是绿邨。绿邨，建于1941年，有楼房三幢，也就是说，在麦琪公寓落成的时候，没有绿邨，这里还是绿地。转过来，迪化中路（乌鲁木齐中路）这一侧，也是别墅和公寓区。马路对面，是各种店铺，有富生鲜花店、钱记铜铁号、顺昌水电号、长兴中外木器、良泰号、盛记货栈、模范木器号等。沿着迪化中路走过来，左转到林森中路上，这一片商铺更生活化：食品号、理发所、车行、酒行、洗染店、鲜果行、鞋店、寄售商店……不难感觉到，这里商业发达，生活方便。

从地图上看不出街道的绿化，可是在人们的文字中，林森中路这一段是上海最具异国风情的一条街。这与法租界最初规划时的绿化政策大有关系。从 1862 年起，法租界就有计划地进行公共道路和堤岸的建设，在道路两旁种植了许多梧桐树，成排的树木让西式住宅区别具魅力。（熊月之：《异质文化交织下的上海都市生活》，上海辞书出版社 2008 年版）另有资料说：1901 年 10 月，法租界公董局规定，嵩山路以西沿路建筑，必须与道路保持 10 米以上的距离，其间种植花草树木，并不得以实体墙或竹篱封闭。从此，优美庭院就成为淮海路两侧的重要风景。（许洪新：《从霞飞路到淮海路》，上海社会科学院出版社 2003 年版）在很多人的文字描述中，霞飞路是这样的：

> 人们都说它是上海最美丽、最有味道的一条街。尤其是当你早晚之间漫步霞飞路，欣赏着临街而设的大小店铺，想象着店里的欧洲女子在做些什么时，这种感觉就更加强烈了。漂亮的法兰西女郎手挽手，并排着缓缓走在人行道上，一个真正的法国式早晨在这里开始了——路旁，俄罗斯老人提着装满鲜花的篮子向行人兜售，买菜的太太们三三两两走在路上。茂密的行道树沾满露珠，汽车在平坦的柏油马路上轻轻滑过。咖啡馆里隐隐飘来了爵士音乐……商店橱窗陈列着时髦服装，木制模特的头上戴着新式女帽。（［日］江南健儿：《新上海》，上海日本堂 1933 年版；据许洪新《从霞飞路到淮海路》转引）

气息、情调、浪漫，是与这条街联系最密切的词汇：

秋，带来了抑郁的气候。

马路上的灰沙，夹着树叶，在狂飘，在飞舞。人们的服装，都自然地加上了"御凉"的装置——尤其，娘儿们的短大衣，是鲜明的标帜：白哔叽的，各色呢绒的，绒线的，都从箱笼或是商店的橱窗里搬上了"玉体"。

……

霞飞路上有着风，但没有沙尘。它没有南京路上的人数那末拥挤，但它却有着对对情侣的脚影，而都市中热闹市街的恬静和幽闲，倒是它的特征。

富有南欧气味的"咖啡馆"和"酒排间"，就是更好的点缀。在这场所里的仕女，要不是有闲的朋友，便是对对的恋人。让咖啡和威士忌来刺激一下神经，找回一点已经颓废了的兴奋。漏到外边来的爵士音乐，有人会被吸引了去，但有人却会跑得更远些。（方强：《霞飞路的外衣》，《申报》1941 年 10 月 17 日；据许洪新《从霞飞路到淮海路》转引）

复兴中路与淮海中路平行，复兴西路与淮海中路有交叉，它们处在同一区域内，街貌应差不多。这片区域给人的印象，都是异国情调，都市风情，而且环境优美，充满文艺气息。不过，法租界给人印象深刻的首先不是法国的气息，有一位外来者写道：

F 租界则另有一种情调。他的路名固然用的是 F 国的名字，然而他的空气与情调都十足是俄国的。俄国的店铺，俄国的女人，连要饭的也是俄国人。在清一色的俄国风味之中，偶然夹上这么一丝两丝的希腊、阿美尼亚、高丽、叙利亚的气息。

在每一条路的转角上或交叉处总有一个穿制服的神气活现的家伙屹立着，在公共租界立着的是印度阿三；在F租界立着的是黑牙齿的安南佬。此外则有许多俄国的末路王公或退职将帅在荷着枪做巡逻的工作。（［英］爱狄密勒著，阿雪译：《上海——冒险家的乐园》，生活·读书·新知三联书店2012年版）

法租界里，反而是俄国人的天下。有学者认为，这主要是因为法租界法国领事权力特别大，俨然独裁，一些酷爱自由的法国侨民不喜欢居住在这里，更愿意住在公共租界。据统计，1910年居住在法租界的法国人为436人，居住在公共租界的有330人；1925年法租界法国人为892人，公共租界的法国人为282人。（熊月之：《异质文化交织下的上海都市生活》）在这个阶段，俄国侨民大量涌入上海。到了1936年，上海的俄国侨民有21 000人，法租界是他们相对集中的聚居地。1933年，法租界有俄侨7 233人，1934年有8 260人。他们带来了这个区域的商业繁荣，仅1926年至1928年，俄侨在霞飞路就开设了近20家小百货店、30家服装店、10家食品店、5家大型糖果店、5家药房、5家钟表首饰店、5家理发店，还有许多小吃店、饮食店、报亭、糕点店……真像当时有人说的"霞飞路上俄国化"："此路因地居法租界中段，交通便利，路旁又树木葱茏，风景很佳，因此有钱阶级都僦居于此，而俄侨也独多（与北四川路独多日侨相同）。他们所经营的各色业务，如药房、杂货店、酒排间、宵夜馆、跳舞场、按摩院、理发店、公寓，一应俱有，而俄国的乞丐，在路上踽踽往来、追逐乞讨也不少。还有健而肥的俄国妇女，搽了很厚的香粉，擦了很艳的口红，在夜色苍茫里走来走去，竟触目皆是。现象如此，岂不成为霞飞路上的俄国化吗？"（郁慕侠：《霞飞路上俄国化》，《上海鳞爪》，上海书店出版社1998年版）

这些俄国人大多数是流亡的难民，很多人尽管一文不名，却因受过良好的文化教育，自律很严，情愿从事报酬少的正当职业，不偷不抢，保证了本区域的正常秩序。不仅如此，当他们生活稳定下来以后，还以自身的文化特长给这座城市带来了新的因子，很多音乐家、画家、舞蹈家将俄罗斯艺术引到上海，大大推动了本地艺术的发展。……今天，人们津津乐道老上海，我想，上海吸引人的恰恰在于它的世界性、开放性、多元性和包容性，是这些特性造就了这座城市的生机和活力。

三

当我们的目光从城市聚焦到具体的人时，呈现在我们面前的不再是俯瞰图，而是细节鲜活的素描、特写。20世纪30—40年代，住在麦琪公寓里的都是哪些人，过的是什么样的生活呢？他们是高等华人、法国人，还是俄国人呢？反正，这里不会是贫民居住的地方。凭借杭稚英那张画展开想象，这里的时尚年轻人都是骑着摩托车出行吗？曹聚仁先生曾经写过上海人乘坐的各种交通工具：轿子，他到上海的年代，轿子时代已经过去。黄包车（人力车），上海第一辆有执照的出现在1874年3月24日，法公董局核发的照会，在接下来的六七十年间，它曾是上海街头的主要交通工具之一。1931 年，上海有黄包车 68 005 辆，抗战前夕，有 8 万辆以上，从业人口达 20 万人之多。汽车，1901 年，上海共有两辆，后来发展也很快，但毕竟还是达官贵人、富商巨贾专享。对于普罗大众而言，上海的电车倒是物美价廉的出行工具，据说，最初从静安寺坐到外滩，只要两个铜板。不过，带着"电"字儿的东西，中国老百姓都像妖魔鬼怪一样，畏他三分。曹聚仁写道：

> 其后法租界也有了电车，接着又兴了无轨电车。第一天通车时，从静安寺起，开到外滩止，乘客二十四人，一半是洋人，一半是华人，都是上海大亨，如朱葆三、虞洽卿等。两旁看的人，真是人山人海，拥挤得很；可是大家不敢坐，因为里巷谣传，电车容易触电，不能乘坐，所以洋人特地试给大家看，表示乘坐电车毫无危险。后来车厢上挂了"大众可坐，稳快价廉"八个大字。（曹聚仁：《电车的故事》，《上海春秋》，生活・读书・新知三联书店 2016 年版）

我还看到有人写文章描述坐电车经过上海租界区的情景，其中也提到辣斐德路（复兴路）：

> 新电车的经过，两旁行人都投了新奇的眼光。银灰色间红色，那电车站的木杆，鲜艳的矗立着相当的每一个段落。车到新闸路，转了一个小弯，循着西摩路前驶了。这一带的住居，也比较地清静幽雅。跨过静安寺路，到了福煦路，我再换上一张到西门八分的票子，心底下几乎要发出笑来，没有事，作着一次横的短短的新

电车的旅行。穿过霞飞路的亚尔培路，乘客跳下去是很多了，悠闲的我靠着车栏，望飘拂的国旗，心又感动得变严肃了。这一带，纯粹的法国风光，长长的园垣，漫天的绿荫，一种艺术情调。这一条路线法租界起，是很长的。车拐了个弯，是辣斐德路了，这时雨丝也小了不少。车转向直线驶去，园垣绿荫，红楼里面的钢琴声，腻人的笑话，我的心又石一样地沉下去。今天是什么日子？安乐，苟延的安乐，虽然天空的国旗下着半旗。吕班路以东，民房又简陋起来，这和劳勃生路一样，这两个终始点都设在苦力区。……（白华：《新电车的旅行》，《上海生活》1938年第5期）

对于一般人家，有辆自行车（脚踏车）就很幸福了，像画中的摩登女郎骑着两轮大摩托，怕也是一件奢侈的事情。20世纪20年代初，摩托车，有人称"最新式自动车"：

沪上近日自动车一最新式者为立行之两轮车，立人处之板位于轮轴平面之下，此车之异于他式者即在立行，而其各种机件均藏于制动机之柱内，制动机配于握手处，其汽机约二匹半马力，配于前轮中。因既均藏诸柱内，故无沾染尘埃致有损坏之虞，汽油亦藏柱中，全车舍此柱及握手柄外并无他种横杆等物。据制造者言，在乡间每小时可行二十英里，所费之汽油每行百英里仅一加仑云。（陈伯熙编著：《上海轶事大观》，上海书店出版社2000年版）

那时候的上海街头，摩托车已神气活现地穿行。施蛰存的小说《梅雨之夕》，写于20世纪20年代末，里面几次提到"摩托车"，说下雨的街市上，摩托车的轮子会把泥泞溅在路人的身上。他还写到天潼路口的人与车："大街上浩浩荡荡地降着雨，真是一个伟观，除了间或有几辆摩托车，连续地冲破了雨，仍旧钻进了雨中疾驰过去之外，电车和人力车全不看见。我奇怪它们都躲到什么地方去了。"（施蛰存：《梅雨之夕》，《施蛰存文集·十年创作集》，华东师范大学出版社1996年版）当时的街头，摩托车、电车、人力车并存，茅盾的《子夜》开篇，既写到"暮霭挟着薄雾笼罩了外白渡桥的高耸的钢架，电车驶过时，这钢架下横空架挂的电车线时时爆发出几朵碧绿的火花"，也写到"有三辆一九三〇年式的雪铁笼汽车像闪电一般驶过了外白渡桥，向西转弯，一直沿北苏州路去了"。（茅盾：《子夜》，《茅盾全集》第3卷，人民文学出版社1984年版）在吴老太爷的眼里，汽车是"子不语"的"怪物"。《子夜》里还提到"内河小火轮"，船，也是上海人进进出出的重要工具。

那些都市里的红男绿女坐着车子去哪里呢？在穆时英的笔下，是后母与继子的糜烂狂欢：

> 上了白漆的街树的腿，电杆木的腿，一切静物的腿……revue似地，把搽满了粉的大腿交叉地伸出来的姑娘们……白漆腿的行列。沿着那条静悄的大路，从住宅区的窗里，都会的眼珠子似地，透过了窗纱，偷溜了出来淡红的，紫的，绿的，处女的灯光。
>
> 开着一九三二的新别克，却一个心儿想一九八〇年的恋爱方式。深秋的晚风吹来，吹动了儿子的领子，母亲的头发，全有点儿觉得凉。法律上的母亲偎在儿子的

怀里道：

"可惜你是我的儿子。"嘻嘻地笑着。（穆时英：《上海的狐步舞（一个断片）》，《穆时英全集》第1卷，北京十月文艺出版社2008年版）

去跑马厅，去跳舞场，去醉生梦死的地方。穆时英说："上海，造在地狱上的天堂。"也许是另外一种生活，比如去这一条路那头的法国公园（今复兴公园），或者去辣斐大戏院（今复兴中路323号）看话剧、看电影。1933年9月在辣斐德路上的这个戏院已经造起来了，这里放映的美国西部片很受欢迎。不过，住在麦琪公寓这一带，泡咖啡馆也是一个高雅的选项吧。多少文人雅士，回忆起老上海，挂在嘴边的都是DD'S和文艺复兴。多年后，董乐山回忆："'文艺复兴'是家西菜馆，下午也卖咖啡，在它马路对面，则是一家有名的咖啡馆，叫'DD'S'的。除了霞飞路上这一家，静安寺路上沙利文的斜对面也有一家'DD'S'。这两家算是上海最著名的咖啡馆了，里面都是火车座沙发。要了一杯咖啡，你可以泡上一个下午或者一个晚上，服务员绝不会给你脸色看。如要吃蛋糕，女服务员（霞飞路上一家是白俄）就会端上一个树型蛋糕盘，上下三层，每层放各式小蛋糕几块，你可任选，吃几块付账时就付几块的钱。"他还谈到"喝咖啡主要恐怕就是喝氛围，喝情调吧"。（董乐山：《在旧上海喝咖啡》，《董乐山文集》第1卷，河北教育出版社2001年版）对于文人来讲，氛围和情调，简直就是皮大氅，是要时时神气活现穿在身上的。一个咖啡馆常客曾说，在霞飞路上，"没有摩天大楼，没有什么特别的大建筑"，但"醉人的爵士乐夜夜从道路两侧的咖啡馆和酒吧里传出来，告诉你里面有女人和美酒，可以把你从一天的劳累里解放出来"。（转引自［美］李欧梵著，毛尖译：《上海摩登：一种新都市文化在中国 1930—1945》，北京大学出版社 2001年版）

　　不过，鲁迅说他没有这样的兴致，他曾讽刺那些革命文豪们："遥想洋楼高耸，前临阔街，门口是晶光闪灼的玻璃招牌，楼上是'我们今日文艺界上的名人'，或则高谈，或则沉思，面前是一大杯热气蒸腾的无产阶级咖啡，远处是许许多多'醒醒的农工大众'，他们喝着，想着，谈着，指导着，获得着，那是，倒也实在是'理想的乐园'"。（鲁迅：《革命咖啡店》，《鲁迅全集》第 4 卷，人民文学出版社 1981年版）太安逸的生活，会让人失去人生的方向吧，一位老外这样感慨："上海的生活就是这样的。这生活是一种懒惰的生活，一种容易的生活。从一方面看去，他极富于光彩，五光十色，美艳动人。但是从另一方面看去呢，则他是千篇一律的单调。昨天这样，今天这样，明天也还是这样；在单调的一团瘴气中磨蚀尽了一切的体力，一切效能与一切的理想。"（［英］爱狄密勒著，阿雪译：《上海——冒险家的乐园》）

四

　　当我在文字中捕捞这一切的时候，我同时开始了自我怀疑：这是上海生活，还是上海的神话？历史记忆是有刻意的选择性的，上海，最近二三十年出现在人们的视界中，已经不是"冒险家的乐园"，而常常是风花雪月、金枝玉叶，我不知道，这有多大的欺骗性。就以我们津津乐道的国际性、开放性而言吧，它带来现代性，也许会带来奴役和罪恶，在巴金的笔下就不乏这样的描写：

> 两个喝醉了的外国水手从一家白俄开的跳舞场里出来，嘴里含糊地说着放肆的话。跳舞场门口有着红、绿、蓝、黄四色的霓虹灯，里面奏着爵士音乐。
>
> "米昔！米昔！"马路上有三个黄包车夫拖着空车向着外国水手跑过去，口里乱嚷着。那两个醉得脸通红的白皮肤的人正走下人行道，就给他们围住了。
>
> 他们并不跳上车。年纪轻一点的水手忽然飞起一只脚踢在一个车夫的屁股上，用很清楚的中国话骂着："狗！"
>
> 于是车子全散开，让这两个人带笑地走了。
>
> 中年的黄包车夫拖了空车慢慢地跨过街心，因为这一踢使他的屁股上那个地方还在痛。羞辱和痛苦压住他的心。他抬起头望着天空，祷告似地喃喃说：
>
> "天啊，为什么我的鼻子不高起来？我的眼睛不落下去？我的头发不黄，眼珠不绿，皮肤不白呢？"（巴金：《一九三四年十月十日在上海》，《巴金全集》第12卷，人民文学出版社1989年版）

法租界那种整洁、幽雅的环境，高档的住宅，各种情调，到底多大层面能代表上海呢？至少，我在柯灵先生的笔下，还读到上海另外一种场景：

> 在上海的边陲，有些被这个辉煌的都市所摈弃的地方：它们荒僻、污秽、局促可怜地蹲在高耸云霄的工厂

烟囱底下，显得特别寒伧。从都市人看来，完全不是人住的地方。

然而那些地方，的确拥挤地住着同样被称为人的生物。作为这些生物的安息之所的，是几十家一堆一堆地簇聚在一处的草棚。——这种草棚，都是由住户们亲手建筑起来的，泥墙，草顶，通常有一扇薄板的窄门，而很少有窗子，人们站着一伸手就可以摸着屋顶。

……

普通一份人家，是一间草棚，境况好一点的有两间。有时一家上下三代，年老的父母，年轻的儿子娘妇，还有成堆的孩子，都挤在一间五六方尺的房子里，衣于是，食于是，生老病死、养儿育女于是。房子小，光线暗，木板门很少关闭的时候。遇着风风雨雨，住在草棚里面，就跟露宿差不多。现在是夏天，他们成日成夜过的都是户外生活。小孩子一律是赤身裸体，男男女女都打着赤膊，青年妇女偶然穿衣服，多数都只系一个抹胸，为便于做事，裤管常常卷到大腿以上。"上等人"心目中的"礼貌"和"体面"这类东西，在棚户区里是根本不存在的。

……

上海的棚户，据不正确的统计，大概有二万五千余家，估计人数在六七万以上。分布的区域：东区是在兰路、齐齐哈尔路一带；西区是在曹家渡一带；北区是在闸北一带。有棚户的地方，必定有工厂；这些棚户里面的生物，实际是被吸尽了鲜血的"人渣"。（柯灵：《棚户的风波》，《柯灵杂文集》，生活·读书·新知三联书店1984年版）

这些"棚户区",哪里是上海的"边陲"啊,不过租界之外而已。它们完全打破了人们对于大上海生活的很多不切实际的想象。历史学家以实证和清醒提醒我们,上海不光是高楼林立、灯红酒绿、摩登时尚,它还有另外一面。总体判断,这里是世界性与地方性并存,摩登性与传统性并存,先进性与落后性并存,是贫富悬殊、极为混杂的一个城市。他举例:"对不同层次娱乐设施的享用,与人们不同的经济收入有内在关联。1935年,上海华界农、工、劳工、家庭服务、学徒、佣工、无业人员,共占总人口80.9%;公共租界的农民、工人、家务、杂类人员,共占总人口78.8%。这些人基本上无力享受首轮、二轮外国电影或舞厅、留声机、溜冰场等娱乐文化。也就是说,即使在上海所谓黄金时期,享受比较高档娱乐设施的人,也只占总人口的五分之一。这个比例,在民国末年也差不多。1950年1月,上海498万人口中,15岁以上为346万,其中失业、无业人口近百万;在业者206万,其中农业、工业、手工业、建筑业、家庭佣工者为93万,这些人基本上是没有能力享受中高档娱乐消费的。有条件或比较有条件享受比较高档娱乐设施的,包括商人、金融、教育卫生、自由职业等方面人口,占在业人口40%,占上海总人口不到20%。"(熊月之:《异质文化交织下的上海都市生活》)

倘若不是一叶障目的话,翻一翻当年的书刊,自然也不难对所谓的"社会现实"有更直接的了解。有人抱怨当时的"住"和环境:"岂知上海虽号'天堂',市民生活'鸽笼',住屋勿如内地远甚呢!公馆门第、起居舒适者,毕竟千中之一呵!目今孤岛尺屋寸金,上海人更无越雷池可能……"(浦左一少:《上海人春日生活》,《上海生活》

1939 年第 4 期）"做上海人真难"的感叹更是此起彼伏："做一个上海人，洵非容易。第一，生活太难，除了慕尔堂听耶稣、法藏寺听经、马路上吃施茶、听无线电、看壁报、看橱窗广告之外，其余坐要坐钱，立要立钱，到处都是花钱的场所。不要说额外消耗，正常开支也担当不起。目下虽然回跌了一些，米价每石仍要三十元左右，煤球一担三元六角，生油一斤六角多，菜蔬每斤也得八九分，外加电费涨百分之六十，纵节省到极点，仍旧性命交关，常人自顾不暇，遑论赡家？"（苏子：《上海"人"》，《上海生活》1939 年第 11 期）城市的两面性、复杂性，当时的人们已经深有体会，他们说上海是"畸形的鲜艳之葩"：

> 上海之成为上海，是基于两种人身上：一种，是摩登的女子；一种，是多财的商人。
>
> 乡下人初到上海来，第一以为最伟大的，是印度巡捕了。住久上海的人，第一以为最伟大的，却是金钱。
>
> 在上海的友谊，有一部分是建筑在沙漠上。
>
> 快乐人在上海，是觉得格外热闹和繁华；伤心人在上海，则觉得更寂寞和凄凉了。（徐大风：《上海的透视》，《上海生活》1939 年第 3 期）

上海有多种面相，它们是矛盾的，却又统一在这片土地上。可是，后来的人，则越来越削减它的复杂，直到有一天，它仅仅是"摩登上海"了。包括我们今天谈到的复兴路，特别是走在梧桐树荫下，感受着城市的清幽之时，这种想象自然而然会涌上来。我不能说，这是我们不该有的，我只想说，如果我们仅仅有一种这样的想象，那么，我们对这座城市的理解是肤浅的。

五

麦琪公寓是精致的，这种精致在今天依然能让人叹服。

完美的建筑设计，一定是实用性与艺术性融为一体，麦琪公寓在这方面是一个典范。公寓高40米，为十层钢筋混凝土结构的高楼，在它建成的1935年，相对于周围其他建筑，它算是鹤立鸡群。在路角有限的空间里盖楼，这是考验设计师的智慧。它的设计者赉安工程师（即本书郑时龄先生序中所言赖安）别具匠心，像是拿着一个巨大的圆规定在街角一点，转手划出一道半弧就有了麦琪公寓的外形。这样，从楼前两条路的每一个方向看，公寓都是以柔和的线条迎着你。设计者为了强化这种感觉，立面转角处以弧形敞开式阳台，与两侧转角窗相连接，使本来冰冷的建筑，多了几分柔情。据说，这座楼最初的设计是整体旋转型的，设计者赉安是受自己的女儿娜芮特旋转的舞蹈启发设计出来的，考虑到实用性，后来他做了适当修改，使公寓呈扇形平面展开。

这座楼不如武康大楼、国际饭店那般宏大，而是以精巧取胜，他是赉安带着情感的精心设计。在这之前，1934年10月底，赉安的妻子沃霍芙病逝，加上随之而来的经济不景气，赉安一直处在情绪低谷中，麦琪公寓的设计和建造才让他找到了新的生活起点。有人曾这样描述它的精致："麦琪公寓占地220平方米，底层的入口位于转角的中心位置，前厅虽小，但是浅黄色的水洗磨石子的地坪质量非常考究，东侧的楼梯也是水洗磨石子建造。楼梯的转弯处像一把逐渐打开的扇子，且每一层的台阶颜色由浅黄逐渐过渡到浅橘色，

麦琪公寓（贺平　摄）

旋转楼梯（贺平　摄）

这是赉安赋予居住者使用楼梯时不至于太乏味的精心设计。11户人家共用一个旋转的楼梯和一个电梯，卫浴设施都是当年的顶级配置，柳桉木门，柚木拼花地板，分割完美的天花板是至今都不会被淘汰的空间。站在那个弧形的内凹阳台上，城景的抒情气氛扑面而来。麦琪公寓不是大型建筑，其功能却包含了赉安的精心设计和合理的空间分配。"（吴飞鹏：《赉安传》，作者自印本）

　　谈论上海法租界的老建筑，无论如何我们都绕不开这个名字：赉安。很多建筑的设计都是出自他之手。法国人亚历山大·赉安（Alexandre Léonard）和他的同事保罗·韦什尔（Paul Veyssèyre）在1924年创办赉安洋行，后来，亚瑟·克鲁兹（Arthur Kruze）加入，他们三个人被称为"赉安三杰"，三位建筑师名字的首字母缩写"LVK"署在许多老上海的建筑上。上海滩著名的四大老公寓：复兴西路24号麦琪公寓、复兴西路34号卫乐公寓（原为卫乐精舍）、高安路60号首长公寓、五原路258号自由公寓，其中的卫乐公寓、麦琪公寓、首长公寓三座公寓都是赉安洋行所设计。而1925年他们设计的法国总会，更是法租界大气恢宏的建筑代表。在落成典礼上，法国总会主席H. ladier赞不绝口："建筑师Léonard先生和Veyssèyre先生不满足于作为天才的建筑师，而更是伟大的艺术家。他们全身心地奉献于实践活动及对其设计中不可或缺的舒适性的追求，例如我们的总会，他们给予建筑无可比拟的优雅性以及现代艺术性，不论是在建筑的线条上还是在装饰上，这促使我们可以完全满意地、骄傲地宣称：我们的总会是法国艺术精粹的证明。"（吴飞鹏：《赉安传》）可以说，在邬达克建筑设计事务所之外，赉安洋行是另一个对上海城市建筑有着卓越贡献的设计机构。

令人唏嘘的，是赉安的命运。1920年1月，赉安怀揣着一个建筑师的梦来上海闯荡时，他还是一个两手空空的退伍兵，坐的是法国游船的下等舱；仅仅五年后，重返巴黎时，他坐的已经是头等舱了。上海，实现了他的梦，在事业方面，他是一个幸运儿。然而，一个人的命运在时代的巨浪中常常是漂浮不定、不由自主的。1937年，全面抗战爆发之后，亚瑟和保罗相继离开上海，只有赉安一人独立支撑，洋行到1942年不得不结束营业。要知道，这个洋行是他所有的光荣和梦想，是他在上海滩二十年奋斗的成果，不到万不得已，他怎么会亲手结束它？在那些晦暗不明的岁月里，幸好，他又获得了一份新的爱情，他与犹太舞蹈家安娜结婚。安娜是犹太人，这桩婚姻又带给他很多生活中的麻烦。太平洋战争爆发后，赉安护照被法国政府没收，他和安娜都成了无国籍的人，他们惶惶不安地躲在自己设计的公寓中苦熬。

终于，1945 年 8 月，日本人投降了，可是曙光似乎并未降临在他们生活中。在他们的住处和外侨圈内，对犹太人的歧视和对他们的敌视在暗暗蓄积。1946 年 3 月初，他们居住的阿麦伦公寓（今高安路 14 号）的门上，被贴了一张白纸黑字的纸：卑鄙，无耻，滚出去！还有巨大的红叉。安娜吓得六神无主，而赉安也有不祥的恐惧。阿麦伦公寓本来是赉安给安娜的一个礼物，顶层的大窗和阔大的扇形房间，是特意为了方便安娜练习舞蹈而设计的。如今，他们却在议论自己往哪里去，是离开中国吗，要告别这里的一切吗？在那些惊惶不安的日子里，赉安还发现，安娜背着自己给一个叫爱德华多·波塔的意大利人打电话。赉安似乎感觉到，安娜觉得跟着无国籍的他是没有希望的，如果嫁给波塔，则能获得国籍……告别，分别，离别，这样的气氛笼罩在这位建筑大师的心头。我不知道，他会不会想到去世的妻子沃霍芙，他们相遇在浪漫的青岛海滨，在沃霍芙患重病将不久于人世的时候，曾对赉安说过这样的话："我的丈夫是一位多么优秀的建筑设计师啊。我感谢自己的丈夫给了一个犹太女人一个安全温暖的家，给了我们一个可爱聪明的女儿。唉！只怕是我没这个福分了。"（吴飞鹏：《赉安传》）赉安以他的天才挥笔在上海造了那么多精美房子，然而，造一个"安全温暖的家"却难得多，他又要面临毁家之难吗？

1946 年 3 月 13 日早晨，赉安离开家之后，再也没有回来过。当年 5 月 25 日，上海法国总领事馆收到赉安的"遗嘱"，送信人对领事说，赉安于当年 5 月 20 日逝世。没有死亡证明，不见尸体，更不清楚究竟是自杀，还是被杀，甚至连这封是"遗嘱"的信也没有人打开过。（吴飞鹏：《赉安传》)赉安就这样永久消失了，这个谜团像他留在上海的那些建筑一样，一直沉默至今。

两年后，安娜嫁给了意大利电影制片人爱德华多·波塔，1949年以后仍然住在中国，成为为数不多留在上海的犹太人之一。她住在盖司康公寓（今淮海中路1202号）十三楼，那也是赉安留在上海的杰作，也是她与赉安曾共同住过的一个地方。我看到过一个说法：安娜至死也不承认她与赉安有十年的婚姻关系。1981年，她在盖司康公寓去世，不过，很多故事似乎还不能画上句号。

所有想象中的生活或许都不可靠，人们期待的传奇在历史的风雨中也似落叶飘零。一阵风飘过，复兴路上草木落叶在地上翻滚。春天，我想不到，春天也有这么多落叶。

皮佛华公寓 or 比华利公寓

钱宗灏

皮佛华公寓位于复兴西路 30 弄 12 号，它不像一街之隔的麦琪公寓那样显山露水，而是低调得不能再低调了。从 30 弄进去，左手看是普普通通的弄堂房子，前行数十步见到一片绿植，再往前走、近弄底了才得以窥见这幢老派公寓楼的全貌。我想这种风水格局一定非常契合一些有钱但不事张扬的人，喜欢自自在在地住在楼里面当寓公，属大隐隐于市的人。只是不知道能否找得到这样一位想象中的老先生？或者是一位戴着老花镜的老太太也不错！这些奇奇怪怪的念头萦绕心间，促使我步入复兴西路 30 弄里，一处旧法租界时代的遗迹、早已铅华洗尽的所在。

公寓入口处右面墙上约一人多高处镶嵌着一块铭牌，标示着该建筑是上海徐汇区的文物保护点，英文名称写的是 Beverley House，似乎给人有到家了的感觉。这个 Beverley 和洛杉矶明星云集的比华利山庄（Beverly Hills）仅相差一个字母。看来开发商当初选用这名称的本意是为了将其作为卖点，或许为了避免给人落下攀龙附凤的感觉才加了一个字母"e"。不过 Beverley 在西方国家里也可用作人名，这么看来业主本人就是 Beverley 也不无可能。总之，真正的名称由来

皮佛华公寓（贺平　摄）

随着时间的愈发久远、物是人非，可能永远也不会揭晓了。过去的老上海人将其读作"皮佛华"，是有意忽略了"ley"的发音？可见也没有和好莱坞的比华利山庄联系起来的意思，反正大家都是这么念的，像阿猫阿狗一样，不过是一个指代词罢了。

来考察一下建筑，资料记载皮佛华公寓建于1924年，如果无误的话，那它就是上海比较早的公寓建筑了。我们知道20世纪20年代前期上海兴建的民居形式仍以石库门里弄为主，公寓还十分鲜见。皮佛华公寓又是那种前面有花园、中间有采光天井的标准英式公寓，容积率是很低的，因而只有在区域地价尚便宜又有追求居住品质需求的情况下，开发商才会有兴趣投资建造这一类的公寓，我想这也许是它被选定为文物保护点的理由吧？

细审皮佛华公寓也确实很有个性。首先与众不同的是，它的入口处并非位于中间，而是在建筑的一侧，虽然占据了一个开间的位置，但并没有气派的门柱、门楣、山花之类的装饰，只有几道线脚和一侧扶栏，一切以简洁、实用为主。入内倒是有宽敞的门厅，地面铺着拼花马赛克，瓷砖护墙，留言框虽然陈旧却依然完整。看得出那是房屋建成时就已有的，邮差送来的信件可放在这儿待领，住户们也可在这里贴条留言。此外，方旋梯、铸铁的扶栏、汰石子踏步、厚实的硬木扶手也都是原装货。内部无论是层高、走廊，还是门窗和居室面积的尺度都很大；楼内红缸砖铺地的走道甚至宽达2米以上，可见建筑师完全是按照欧洲人的体型来设计的。

再来看看楼内单元的居室配置：我发现每一套内的房间数量均不多，原设计也是只有盥洗室没有厨房的，看来早期住户是不用考虑自己做饭的。打开房门便是楼内的廊道，廊道通达性很强，各层均有北向楼道与辅楼相通。辅楼里原来应该有完备的服务设施，如厨房、餐厅、酒吧、洗衣房及服务人员的住处、营业处等。根据看到的这些特征，我初步得出的印象是，皮佛华公寓早前是一幢专供中短期出租用的公寓楼，单身客拎包入住尤其合适。

从现场回到工作室后，我开始上网查阅上海图书馆的老书、老文献，慢慢发现我的判断果真没错。从一份早年住户的名单里可以发现以尊称"Miss"打头的住户很多，那些可全是单身职业女性嘛，她们或者刚从欧洲来到上海，考入了某一家公司、机构什么的，开始有了稳定的收入，编织起未来的梦，也慢慢地起步并逐渐融入上海的多元社会中，不过在这里她们仍可以一切按照母国的习惯继续生活。

男住户中有一位叫布朗（H. Brown）的人曾一度引起我的注意。他难道就是那位爱酗酒的疯子建筑师？设计了宫殿般的大理石大厦（今上海市少年宫）和留下了天文数字账单的人？不过最后证实了此布朗并非彼布朗，H. Brown 不过是上海英商耶松船厂（Shanghai Dock & Engineering Co.）的一名职员，属上班族。每天要从沪西的住宅赶到位于沪东百老汇路上的老船坞上班。我们不知道这位布朗先生后来在上海发展得怎样，更不知道他终老于何处，假设他曾跟他的儿孙辈说起过自己年轻时在上海的这一段生活经历，相信他们会有兴趣来上海看一看这处已经老去的旧公寓吧。

确实，房屋建成到今年已经九十五年了，居民也不知换了多少茬，更不知道哪年又曾加建过一层，然而钢筋混凝土框架结构的身骨却依然硬朗。现建筑占地面积 620 平方米，高四层，建筑面积 1 391 平方米。据外立面四楼窗户的形制与下面几层明显不同判断，第四层为后来加建的。不过楼内可见敦实的水泥方柱和梯形柱帽足以承重得了加建的楼层。建筑平面略呈长方形，具有不对称的平面和不对称的立面，边上还有条小夹弄作为进出后面辅楼的孔道，因而很难界定它究竟属于哪种建筑风格。南立面一楼门框和二楼窗框上方有横向的齿形线脚，三层挑檐下有水泥浇筑的椽形饰块，外墙面上有模仿石块砌筑的线条和方壁柱，这些是属于西方传统的古典装饰，然而矩形窗框用水泥型塑出来的线条及几何形图案又有点像现代的装饰艺术。网上看到有人把它归类于现代派建筑，可能仅是指它的不对称和采用大尺度钢窗而言，但我觉得这两条特征并不明显。反映在这栋房屋上的建筑师原创设计很少，我高度怀疑它的原型来自伦敦或者纽约，是一种居住形式和生活习惯的拷贝，以今天的眼光来看，建筑的历史价值和文化价值也刚好体现在这一点上。徐汇区文化局慧眼识珠，2017 年 4 月 27 日，公布它为徐汇区的文物保护点。

　　房屋现为普通民居，总体上来说，旧貌保持得比较好。弄内尚见有旧法租界市政留存下的钢筋混凝土"Y"形截面电线杆，这种形制的电线杆在上海已经很难找得到了。以前公共租界的电线杆都是统一的方形截面的花旗松，法租界里形式就比较多样，除了这种"Y"形截面的，还有圆形截面和工字形截面的混凝土输电线杆。楼前的花园、草坪围合成一处相对封闭、安全的环境可供孩子们嬉戏，楼前左侧是一条长长的甬道通往复兴西路。不过楼内环境则是普遍的脏、乱、差，门厅里凌乱停放的自行车、走道上胡乱堆放的旧家具……墙上的电表、燃气表排列得还算整齐，数一数住户还真的不少，以文物建筑的要求来衡量，整治刻不容缓。我想徐汇区相关部门可否从保护和利用的目的出发启动"留、改、拆"征收机制，动迁居民后恢复其原来的酒店式公寓的用途，一定会受到来上海短期工作的老外们的欢迎。

复兴西路
34号

卫乐公寓：两位作家的"钟楼"

周立民

一

过了乌鲁木齐路的路口，复兴西路就安静下来了。路边的梧桐树枝丫粗壮，绿叶繁茂，给街道搭了一座绿荫棚。它不仅遮住了阳光，仿佛也挡住了尘嚣，而两边的每一幢房子，更像是雍容华贵的大家闺秀，端庄地站立在那里，沉默不语，幽静中还有一种神秘感。

卫乐公寓，位于复兴西路34号，恰恰在这安静的一段。它原名卫乐精舍（Willow Court），建成于1934年。站在楼前，仰头望去，首先能够感受到这栋十二层高楼的雄浑气势。再细打量，设计师的精巧用心也能体会得出。大楼中间凸出，以半圆阳台为中心，两边对称，整齐又不僵化，整个建筑浑然一体。

这是赉安洋行的设计作品，据吴飞鹏《赉安传》（作者自印本）所记，它也是在赉安的设计生涯中具有标志性意义的作品。为了符合各方面需求和追求完美，当时如日中天的建筑设计师赉安为这栋楼先后设计了五稿。1930年，赉安拿到这个订单时，他希望建成一个十二层的现代主义建筑，

28 | 海上遗珍：复兴路

卫乐公寓（贺平　摄）

而开发商认为这块地离马路有点距离，更适合建两栋并排的西式风格的六层楼。虽然设计方案最终取决于开发商的选择，可是赉安没有轻易放弃自己的努力，他一下子拿出了四套十二层楼的设计方案，希望能打动开发商。赉安成功了，开发商们同意了他的想法，不过，还是担心纯粹现代主义风格的方案能否让业主们接受。这一次赉安听取了开发商的意见，在保持现代主义主体风格的前提下，做了适当的装饰，阳台的设计，弧线等运用，都是他的调整，这座楼的设计就这样被确定下来。对于赉安，这个设计还有一个突破，这是他平生设计的第一座高于十层的公寓，其中有很多技术难题需要解决。他成功了，这座公寓很受欢迎，他也在这座公寓的顶层拥有了属于自己的一套房子。

从复兴西路走进这座公寓，会感觉到绿意葱茏，我喜欢它的绿化以及与主干道的一点点距离，这一点距离正好让它发展了自己。作家王西彦在 1981 年曾经描述过，窗外园子"一片葱绿"："银杏树和悬铃木的枝叶密密层层，夹竹桃和火石榴都怒放着红艳艳的花蕊，在阳光下焕发出一派初夏季节所特有的生气。"（《炼狱中的圣火·自序》，艾以等编：《王西彦研究资料》，北京十月文艺出版社 1996 年版）参天大树，枝繁叶茂，绿荫喜人，是这幢房子的诱人之处。

"山不在高，有仙则名"，建筑也是这样的。对于卫乐公寓来说，建筑之外的人文历史更值得珍视。1949 年以后，这里是很多老干部和文化艺术界人士的聚居地。1956 年 6 月，作家王西彦从淮海中路的上海作协宿舍搬至这栋大楼的四楼 C 室。他说："我家住的是一幢十二层大楼的第四层，是三户人家，数幢大楼共有三间一组的房子。每层住三十多家。住户都是部、局级干部，只有少数几户是文艺界人士，其中有画家、作曲家和电影导演，也有作家。"（《焚心煮骨的日子》，《王西彦全集》第 11 卷，上海人民出版社 2012 年版）在这里住过的，还有作家峻青，作曲家黄准，导演、评论家陈鲤庭，学者罗稷南，版画家吕蒙，画家赖少其等人。令王西彦高兴的是，他以前的邻居，翻译家罗稷南也住了进来：

> 好在过了一段时间，我们两家先后都搬了新居，住到复兴西路和乌鲁木齐路交汇处的卫乐公寓，而且在这十二层大楼里，他占有三楼西边一组房子，我占有四楼东边一组房子，上下非常方便，简直站在房门口提高嗓门就可以互相呼应，彼此成为十分接近的邻居。
>
> 不用说，我们都很珍惜这个好机会，并且尽量利用它。有一个时期，彼此几乎每天都要作一次纵情的长

卫乐公寓入口（贺平 摄）

谈。我们约定：上午是神圣的工作时间，互不惊扰；下午作为机动，可以出门散步或做些杂事；晚饭后则是照例的谈天说笑的"黄金时刻"。大致的情形是，电灯一亮，如果不是我和周雯下楼去他家，就是他独自一人上楼来我家，自然有时也和夫人倪琳一起。他的书房朝北，陈设很简朴。两个书橱里装得满满的，大都是外文书籍；一张书桌收拾得很干净，是他辛勤的耕耘地；还有两张沙发和一张小茶几，自然是和少数友好们叙情畅谈的地方。书房和外面一间会客室兼餐室相通，招待一般的客人就利用那张长方形的餐桌。如果是白天，有时我们也会坐到那间充当卧室的南房的阳台上，一面喝茶，一面谈天。我们两家的来往，已经不再是主客，而是亲密的伙伴；彼此交谈时也毫无顾忌和拘束，真正做到了互相交心的程度。（王西彦：《迟暮的怀念》，《凄

怆的镜子》，花城出版社 1992 年版）

　　这栋楼的八楼 A 室也住着一位作家，他是《红日》的作者吴强。"三十八年前的春天，我从南京调来上海工作，工作单位的地点在衡山路 10 号，跟淮海中路靠近。不久，又调到另个单位工作，地点就在淮海中路，即现在的牛奶棚隔壁日本领事馆所在的房子，内有一个大院，绿草如茵。我的住处，也从建国西路搬到牛奶棚对面的弄堂里，据说原是蒋经国的一座小别墅，弄堂名称高雅：'逸邨'。年把之后，又搬住到复兴西路上原是大颜料商芬妮的产业玫瑰别墅靠近的一幢公寓里，跟淮海中路近在咫尺，一直至今。"（吴强：《祝愿你，淮海路》，《吴强文集》第 3 卷，上海文艺出版社 2010 年版）吴强从南京调到上海，是 1952 年 7 月，时任华东军政委员会文化部艺术处副处长；1953 年 3 月，他又调任华东军政委员会文化局秘书主任，当年 9 月，任中共华东局宣传部文艺处副处长。1954 年 11 月，任中共上海市文艺工作委员会秘书长。由此判断，他搬到卫乐公寓，是在 1953 年底或 1954 年初，也是这里的老住户了。

　　提起这栋楼，吴强印象深刻的是粟裕将军的那次来访：

　　　　我家住在上海复兴西路一幢十二层大楼的八楼，老爷电梯常坏，坏了，就得爬。一九五九年九月，大将粟裕来看我，我下楼接他，我说，电梯坏了，不必上去；他说，既然来了，就得上去；一再表示不愿怯步；我只好扶着他爬上八楼……（吴强：《缅怀省长、作家惠浴宇》，《吴强文集》第 3 卷）

从这里出门，转几个弯就到淮海路上了，吴强也写过他去淮海路访友、散步的事情：

> 从前，因为有些熟人朋友家住在淮海路上，如巴金、靳以、魏金枝，我常去看望他们。后来，巴金先生迁离了淮海坊，靳以、魏金枝先生已经过世，我去淮海路便比较少了。这些年，淮海路渐渐地繁荣起来，她以新的绰约的风姿出现在人们眼前，我又常常在华灯初上时分，独自地走出家门，向东，沿着淮海路的人行道安步当车，近到襄阳公园，远到茂名路、瑞金路口，沿街看看灯光照耀的橱窗内琳琅满目的陈列品，或者在哪家夜市店里坐坐，吃杯冷饮，然后，再重新上路，信步缓行。（吴强：《祝愿你，淮海路》，《吴强文集》第3卷）

二

在有阳光的午后，我常常从武康路113号巴金故居出来，出门左转，沿路缓缓行进。那些富有年代感的老房子，与秋去春来绿叶娇嫩的老树，相互映衬，让我感受到时光流逝，也感受到岁月常新。

王西彦、吴强，已经远去；他们的邻居、朋友们也大多不在了。可是，恍惚中，我仿佛能在某个路口与这些老人擦肩而过。当我走到复兴路口时，我忍不住向对面的房子里张望，这里会出现这个城市当年的常务副市长潘汉年匆匆去上班的身影吗？会遇到柯灵先生和他的夫人陈国谷下了楼梯正往巴金先生家走吗？也许是西彦先生，穿过永福路口走了过来……

前辈的身影，就在某一个街口。这不是想象，当年，在这些街道上，说不定一天会遇到好几次呢。1966 年浙江省文联主席、女诗人方令孺到上海来，朋友们借此有了频繁的相聚。巴金后来回忆："一九六六年年初她来上海，同上海的亲友们一起欢度了她的七十大庆。这一次我们和她无忧无虑地相聚了几天。"（巴金：《怀念方令孺大姐》，《巴金全集》第 16 卷，人民文学出版社 1991 年版）那年 1 月 19 日上午十点多，方令孺抵达上海北站，巴金、萧珊夫妇在车站迎接，随后，方令孺入住东湖招待所。当晚，巴金、杜宣、罗荪等一批朋友在文化俱乐部为方令孺接风，也庆祝她的七十岁生日。三天后，巴金的日记这样写道：

> 八点后起。九点后柯灵夫妇和任干来，九姑来。沈仲九和韩祖祺来。萧珊陪九姑他们去罗荪家。沈、韩刚走出门，西彦夫妇带孩子来。送走西彦夫妇，去罗荪家，坐了一会同柯灵、任干到吴强家，坐了将近半小时，四人下楼去西彦家，不遇。去杨永直家，他们夫妇正在吃饭。我们打个招呼就走了。我回到家，萧珊和罗荪夫妇、陈国容都在，打电话把柯灵也约了来，请他们在家吃便饭。饭后送走九姑他们。（巴金 1966 年 1 月 22 日日记，《巴金全集》第 26 卷，人民文学出版社 1994 年版）

这些作家们都住在这周边：柯灵家，住复兴西路 147 号，今已辟为故居对外开放。他家楼下的一户，即为任干的家。任干也是一位老作家了，曾参加过新四军，1949 年后先后担任上海电影局副局长、电影局党委副书记之职，也曾担任上海作协副秘书长。罗荪家，住在淮海中路的"逸邨"，他当时是中国作协上海分会秘书长。这则日记还记到，他们去了卫乐公寓的八楼吴强家，又去拜访了住在同楼的王西彦。这样的来往，仅巴金日记的记载就很多。比如，老朋友沙汀来上海，那是"文革"后，历经劫难之后的聚会，他们聚在王西彦家喝过酒，那是1977年11月11日："上午西彦来约沙汀和我晚上到他家喝啤酒。十一点三刻罗荪来通知任幹今晚请沙汀吃饭。即陪沙汀到西彦家说明情况，请西彦改期明天中午。"次日的欢聚是这么记的："同沙汀、小林去看柯灵。十一点后同沙汀去西彦处吃中饭，同桌还有罗荪。回到家中已近两点。"（巴金1977年11月11日、12日日记，《巴金全集》第26卷）不知道，他们在痛饮和畅谈时，旁边是不是有一位年轻人，那是西彦的儿子王晓明，那一年，他刚刚考上华东师大中文系，几年后，他出版了一本专著《沙汀艾芜的小说世界》，研究的就是沙汀和老朋友艾芜。

有一次聚谈，被摄影师定格，以"劫后的笑声"为题传播开来，成为那一代老作家在"劫后"岁月里精神状态的最佳写照。在巴金的客厅里，有一次有意的拍摄，那是1978年年初的一个午后："祁鸣来布置环境和灯光。辛笛来电话，半个多小时后他来取去开会通知和我答应送给他的一部英译本《十日谈》。午饭后济生来，师陀、柯灵、西彦、罗荪、乐平先后来。管理灯光照明的两位同志和《文汇报》的两位同志也都来了。祁鸣最后来。两点半开始拍电视片，四点半结束。"（巴金1978年1月10日日记，《巴金全集》第26卷）照片中几位老人精神舒畅，开怀大笑，给人印象深刻。在巴金日记中，"西彦来""闲谈"这样的记载很多，他们在一起吃饭的时候也不少，还有一起出去活动，一起回来，以及很多"偶遇"。

1977 年 9 月 8 日，"八点三刻去陕西路邮局寄信寄稿。然后去巨鹿路作协旧址，路上遇到西彦，他陪我到六七五号，在楼下等我。在那里找到三本书，同西彦一起返家，在高安路下车，约西彦来坐了一会。老孙送书来，正在我家休息，闲谈到十一点，西彦回家，老孙返《上海文艺》"（巴金 1977 年 9 月 8 日日记，《巴金全集》第 26 卷）。当年，10 月 24 日，他们一起看电影，深夜回家，王西彦把巴金送到复兴路口离家不远处，"吴强陪同赖少其夫妇来，坐了不久。……即乘十五路车去新光剧场。六点开始放映法国影片《Z》，以后又放映意大利影片《警察长向检察官的供词》，十点后结束。同西彦、杜宣乘车回家，西彦送我到复兴西路口"（巴金 1977 年 10 月 24 日日记，《巴金全集》第 26 卷）。大约是王西彦考虑到巴金年龄大了，对他颇照顾。不过，几位老头有豪兴，看电影到半夜的事情，以后随着年龄增大越来越少了。

朋友来了的聚会，在 1980 年前，倒是仍旧很多，那几年，大家身体还不错：1978 年 4 月 15 日，"五点后去王西彦家。西彦请罗荪夫妇吃晚饭，我作陪。九点前同罗荪夫妇步行回家"（巴金 1978 年 4 月 16 日日记，《巴金全集》第 26 卷）。此时的孔罗荪已经调到北京，担任复刊后的《文艺报》主编，他在上海的家，已经迁到泰安路 115 弄 5 号。115 弄 6 号，是周谷城的家，8 号是杜宣的家，这里真是名流云集。这样聚在一起吃饭的时候还有不少，如 1979 年 1 月 30 日，"六点前去西彦家吃晚饭，在座有吴强、罗荪夫妇、老钟，九点后返家"（巴金 1979 年 1 月 30 日日记，《巴金全集》第 26 卷）。1979 年 7 月 22 日，"下午看校样。西彦来。萧荀来。六点前老钟坐车来接我去西彦家吃晚饭。在座还有吴强。八点左右返家"（巴金 1979 年 7 月 22 日日记，

《巴金全集》第26卷）。这都是巴金和朋友们在卫乐公寓聚会的记录。

巴金在《怀念曹禺》中曾深情地写道："我至今怀念那些日子：我们两人一起游豫园，走累了便在湖心亭喝茶，到老饭店吃'糟钵头'；我们在北京逛东风市场，买几根棒冰，边走边吃，随心所欲地闲聊。那时我们头上还没有这么多头衔，身边也少有干扰，脚步似乎还算轻松，我们总以为我们还能做许多事情，那感觉就好像是又回到了三十年代北平三座门大街。"（巴金：《怀念曹禺》，《再思录》，作家出版社2011年版）漫步在复兴路这样的幽静街道上，回想旧事，这些人和这些感慨都印象深刻。

三

吴强回忆自己四十年的上海生活，谈到淮海路。这里是主要商业区，跟人的日常生活分不开，特别是从复兴西路走出来，到淮海路太便捷了。吴强说，他"几乎到这条路上的每一家店铺里去过看过"：

> 我到这条路上的"江夏饮食店"，去吃过湖北特产的豆皮、牛肉汤、馄饨；到"上海西菜馆"吃过乡下浓汤、土豆烧牛肉；到靠近淮海中路的粤菜馆"美心酒家"吃过两面黄炒面、鱼生粥、叉烧包子……在襄阳公园对面的天津馆子里，吃过水饺…这条路上的好些食品店出产销售的名点、精美糖果，确有各自的特色，如"上海食品厂"、"老大昌"、"哈尔滨"，我都光顾过……（吴强：《祝愿你，淮海路》，《吴强文集》第3卷）

他描述的淮海路的优美风景，完全可以移来作为复兴西路的写照：

> 淮海路是条优美的路，路两旁的法国梧桐，树干苍劲，枝叶繁茂，进入初夏，便绿荫深浓。早晨，在阳光照耀之下，阵阵清风拂过，凉凉爽爽，好一派诗情画意。傍晚，市场的烦嚣过后，彩霞从西天返照过来，不也颇有如诗如画的佳趣吗？严寒到来，光秃斑驳的枝干上堆上一层皑皑白雪，挂满长长的一串串银练似的冰凌，在飒飒的寒风中挺立抖擞，不也显出它的不屈的性格吗？
>
> （吴强：《祝愿你，淮海路》，《吴强文集》第3卷）

这些风景，漫步在这一带，我们无比熟悉，不过，很长一段时间，吴强的形象在我的脑海中却是模糊的。到我这个年龄的人学习现当代文学的时候，"三红一创"（《红岩》《红日》《红旗谱》和《创业史》）正在褪去光环，我们有很多涌进来的新东西可读，不会再像父辈那样捧着有限的几部长篇小说反复读了，而童年看过《红日》这样的电影，也逐渐淡出记忆。及至我来到上海生活，漫步在吴强住过的区域，工作在吴强曾经工作的单位，他已经去世，他们那一代人正在远去，能够讲上他一段儿的人也少之又少了。

还是在最近，我读了他的纪念文集和后半辈子的创作，这个人的形象才逐渐立体起来。我的了解，也许并不全面，却得出一个"性情中人"的评价，从青年到暮年，他或许都是这样。一个人一辈子能够做到这一点，不让尘世污浊了最初的心，那是极为难得的。

吴强是从华东野战军政治部文化部副部长的位子上被

"贬"到上海的，他的问题是建造了南京军区军人俱乐部，正逢"三反五反"运动，便尝了"甜枣"。这样的一个人，按照通常情况理解，很容易感到委屈、牢骚满腹之类的，可是，在他早期的下属李子云的眼里，完全没有这些："吴强被降职先是安排到华东文化部艺术处任副处长。我就是在他处于这种情况时第一次见到他的。我本以为这位刚刚下台的部长一定面色阴沉，心情沮丧。没想到他竟是声音琅琅、笑容满面地出现在我们面前的。他大大咧咧，见人自然熟，对我们这帮'小鬼'尤其亲切，大家不免感到惊奇。有时初次见面中所得到的印象非常重要也很准确。当然，这仅仅是对很本色的人而言，吴强同志给我们的第一个印象是：容易接近、富有人情味，同时对逆境、对厄运、对磨难持豁达态度。"（李子云：《童心不泯》，《往事与今事》，浙江文艺出版社 1998 年版）

李子云还说，当年，在华东局及市委机关里，她们这帮"小鬼"不好对付，对各级领导都敢评头论足，一位领导干部要赢得"小鬼"们的尊敬，是不容易的事情。吴强却与她们相处很好：

> 他在工作之外与下级相处，显得豪爽大度。他对青年人并无恶意的玩笑也不以为忤。我当年就做过这种"恶作剧"，他那时不过四十岁刚过，但已经腆起了不小的肚子。五短身材，鼓鼓的肚子，特别是每当开会坐得时间较长的时候，他就会不断地"搬动"肚子调整姿势。我们觉得十分滑稽，常常窃笑出声，背地里还模仿他"搬动"的动作。大家认为以我模仿得最为"精彩"，那大概是因为我不仅学得比较像，而且带有夸张。

这件事后来被他发现了，他并没有认为这是取笑他而恼怒，只笑嘻嘻地挥挥手说我们"好调皮"！他懂得幽默、调侃，以及包含于其中的善意，而能够接受青年人的调侃是需要具有开阔的胸襟的。（**李子云：《童心不泯》，《往事与今事》**）

对于金钱的态度，也让李子云看到这个人的性格：

我们这类"小鬼"每月只有两斤猪肉钱的津贴费。而当时唯一可能得到的额外收入只有稿费，所以稍有稿费收入的同志就是大家心目中的"富翁"。吴强同志有了稿费喜欢请客。他不但请我们下小馆子（当时可没有那么多大宾馆可以去），后来在无锡太湖疗养院写《红日》时，还请我们老老小小四个女同志到无锡去玩过一趟呢。这些都是兴之所至的小事，到他真的有了一笔数目的钱的时候，他立即去帮助当时需要钱的朋友。《红日》出版，旗开得胜，他拿到的第一笔版税，就为一位没有钢琴的作曲家买了一架钢琴，还为他的挚友收藏家徐平羽同志买了一幅他心爱的画。他得知周围的同志遇到困难也主动解囊相助。后来《红日》版数不断增加，他索性将所有版税全部交了党费。这种做法在当时也不多见，但他并没为此得到谁说一声好，政治运动来时照旧挨打不误。（**李子云：《童心不泯》，《往事与今事》**）

以上这些都是可以上学雷锋黑板报的，下面的细节似乎不大"高尚"，然而，它恰恰更为鲜明地"暴露"了吴强的个性：

不仅爱穿，他还爱玩，爱跳舞、爱打弹子、爱下围棋。他对于玩，也和对工作、对写作一样，玩得认真，玩得身心投入，玩得充满自信。我不会跳舞，就我这外行看来，他的舞艺并不高明，但他有机会必跳。为了打弹子，在大会上他曾挨过陈老总的批评。打弹子可能是让人一着手就会入迷的活动。当时不只他一个领导干部在文化俱乐部弹子房流连忘返。陈老总曾声色俱厉地批评：如果那么喜欢打弹子，那就别当干部，干脆到文化俱乐部看台子、捡球去好了。看来吴强同志是服贴陈老总的，尽管听说他球艺不错，此后也不再迷恋打弹子了。到了晚年，围棋成了他唯一的爱好和最大的安慰。特别是离休之后，他担任上海文化界围棋协会会长，更热心于围棋比赛，也常常以此自诩。（李子云：《童心不泯》，《往事与今事》）

爱玩，那是真性情的显露；能改，则说明对自己的要求还是很严。这个不拘小节的吴强，在有些事情上，的确是一丝不苟。他的堂弟写道：

新中国成立之后，吴强虽然身居要职，可他从不居功自傲，以权谋私。不管是公事还是私事，想找他开后门总是没门。用家乡亲友的话说，"从未沾吴强一点光"。50年代初，家里得知他人在南京，家中两个亲友赶往南京，想托他找份工作干，他除了动员来人参军外，别的免谈。在上海，一个在上海工作的出身不好的亲戚在单位要入党，想利用他在上海的地位，为她写个好的出身证明，结果被他当面一口回绝。1964年他在苏州常熟挂职体验生活，我的一个已故的哥哥，受涟水县商业主管领导委托，到常熟找他为家乡进一批回纺布，也是无功而返。

1987年，吴强在创作繁忙中第三次来到了生他养他的家乡——高沟镇。这是吴强解放后第三次踏上这块充满希望的热土，也是吴强生前的最后一次回家了。根据行程安排，涟水县城是最后一站。当他一下车站在曾经和战友鏖战过的地方，思绪万千。《红日》电影上张灵甫在宝塔下拍的那张照片就是在这个地方。当然今非昔比了，真是天翻地覆慨而慷。涟水县委对他的到来给予了热情接待。接待中，县里有人提出让地方戏剧团演几个节目前来助兴。结果被他婉言谢绝，他跟接待人员说请演员到家演节目那是旧社会有钱大户人家办的堂会，现在是新社会了，此事万万不可干。还有就是我个人经历过的一件事。我想托他在上海找个名医院、名医生检查一下身体。此事对他来说可算是小事一桩了，可他没有这样做。记得那天去医院，吴强和我从他家复兴西路一起挤乘公共汽车，到医院他为我排队挂号，还亲手为我填写病历（此病历仍保存在我处），事后让我十分感动，这就是一名真正共产党高级干部的本色。（汪吉五：《堂弟心目中的吴强哥》，吴小庆等编《岁月·红日——吴强百年诞辰纪念》，上海文化出版社2010年版）

荣归故里，摆摆排场，似乎也不算过分，吴强尤其能注意到"请演员到家演节目那是旧社会有钱大户人家办的堂会"，这种对演员的尊重、对人的平等的讲究，让我真要高看他一眼，他是一个现代的文人，不是封建的官僚。"本色"，是一个人做人的本钱，堂堂正正地做人的根本。

大约是军人出身的关系，吴强办事雷厉风行，说话也毫不含糊，这让一些人很不习惯，"文革"中被批"恶霸作风"，与此大有关系。然而，我们不妨看看在工作中这个"恶霸"是如何"作风"的。作为一个闻名中外的作家，他的下属居然敢退他的稿子，这样的事情也太没有面子了：

> 他有次出国访问，写了篇散文给《上海文学》。他来编辑部时，李子云给他说：你的文章我们不能发表。他马上说：连我的文章你们也退稿？李解释说：现在出国访问的人很多，我们编辑部研究决定，这类出访游记性文章一律不登。他听了后转过来问我是这样吗？我说是的。他不再讲什么，拿起稿件就走了。对于他的稿件处理，他宽厚大度，毫不介意。照样参加《上海文学》的活动，有机会出差去外地，还为《上海文学》组稿。《上海文学》举办第一届评奖，随后去东海舰队参观访问活动，就是请他带队，率领获奖作家王蒙、冯骥才、邓友梅等，还有一些编辑、记者数人，浩浩荡荡。东海舰队司令亲自出来接待，活动搞得有声有色，影响很大。

> 《收获》有位老编辑，工作认真负责，长期没有得到提拔。吴老多次向文联党组建议，任命这位同志为编辑部主任。后来党组同意吴老意见，正式任命她当了编辑部主任。作协机关一位老同志，工作积极，有时意见不合还"顶撞"吴老。机关支部发展这位同志入党时，吴老积极支持。我在作协十几年，在研究工作人员入党、加工资、评级等，吴老总是讲这些同志的优点，没

有听到他讲别人缺点。他心地善良，充满关爱，在一些领导干部中也是不多见的。（张军：《他从风雨中穿过——纪念吴强同志诞辰百年》，《岁月·红日——吴强百年诞辰纪念》）

新时期，他复出文坛，担任领导，对于许多人来讲，这真是壮心不已的好机会，可是吴强等于在自己的主持下，急流勇退。这样的本色中，让我看到了人格的亮色。1985年，在吴强等人的努力下，上海作协与文联分开，成为并列的两个单位：

> 新一届作协主席选举的问题。"文革"前很长时间，作协和文联主席都是巴金。现在巴老不担任作协主席，要另选一位主席，这对作协来说是个难题。上海著名作家很多，情况复杂，工作做不好会产生矛盾。吴老就曾对我们参加筹备作协会员大会工作的人说："我不是没资格当作协主席，但你们要是推选我，会有人反对，上面审批也为难。"这是大实话。吴老讲话直来直去，从不虚假。凭他的资历和作品影响，也是完全可以胜任的。但他顾全大局，经过慎重考虑，审时度势，提出让德高望重的于伶出任新一届主席，作家茹志鹃任常务副主席，主持日常工作，他自己退到二线。吴老的这一主张，后来被顺利通过。吴老这种高风亮节，大智大勇的举措，不仅化解了已往的矛盾，而且为新一届作协工作创造了有利条件，实在令人敬佩。（张军：《他从风雨中穿过——纪念吴强同志诞辰百年》，《岁月·红日——吴强百年诞辰纪念》）

对于吴强此举，李子云也有她的解释："尽管吴强同志参过军，尽管他长时间担任了文艺行政领导工作，但他主要是一位作家。他对职位的升降浮沉非常看得开，不那么在意，他最看重的还是自己的作品。直至去世之前，他对写作都没失去信心。这大概也是当组织上以'让出编制'为理由动员他离休时，他立刻痛痛快快地办了离休手续的原因。离休并不妨碍他下围棋和写小说嘛。这几年他每年都有一段时间埋头写作。"（李子云：《童心不泯》，《往事与今事》）这是作家本色，写作是作家的本业，可是，面对着名利的诱惑，这种坚守本业的本色，又有多少人做到了呢？

我不了解日常生活中的吴强，不知道在会乐公寓中进进出出的他是一个什么样子。他的作品描写了战争，写了将军和战士，却很少写到自己，除了有一篇《小年夜》，深情地回忆"文革"期间，他失去人身自由，有一次生病住院，在病房中，恰好可以望见自己的家的复杂心情。那是 1974 年 1 月 21 日，除夕的前一天，吴强住在华东医院做割治痔疮的手术，麻药效果退了之后，伤口又痛又痒，恍恍惚惚，似睡非睡。从 1968 年 4 月被隔离审查后，他与家人便不通音讯。一年将尽，他不由得惦念起家里人，妻子，四个孩子，还有老岳母：

> 想到明天是大年夜，后天是大年初一，不知今年的年，家里会怎么过。我从一九六八年四月被隔离，与家人便不通音讯。如今，我住到华山医院病房里，他们全不知道。动手术前的几天，我时常站在病房大楼的拐角上，朝距离不过百多公尺的复兴西路上我家住的公寓大楼眺望，怀想着家里的人，他们平安无事吗？出外大串联的两个女孩子回来了没有？我，一个月二十五元生活

费，伙食钱、剃头、买草纸、补衣服的针线钱、洗澡洗衣服的肥皂钱等等在内，实在觉得拮据得很，但因在一年前戒了烟，不用花钱买香烟火柴，处处时时注意节省，便够勉强维持的了。一个孩子一个月十五元钱，够他们生活的吗？"文革"一开始，他们就被我株连受到歧视、侮辱，人家骂他们"狗崽子"，他们稚弱的心灵所受的创伤、精神的痛苦比我更甚更深，可以想见。是我这个爸爸的罪过吗？孩子们！你们是怎么想的？你们在怨恨我，是吗？……（《小年夜》，《吴强文集》第3卷）

无情未必真丈夫，这又是大丈夫的本色。

四

吴强提到的那些岁月，王西彦也经历过，用他自己的书名描述，那是"焚心煮骨的日子"。当时，他们家还曾被人强占一段时间。1974年，"我在一间冬天不见阳光而夏天又不通风的小北房里，凑在碎掉的一块玻璃的北窗下，冬天用熬住微颤的手，夏天挥去额角上的汗，顽强地写下一册又一册的读书笔记"（王西彦：《焚心煮骨的日子》，《王西彦全集》第11卷）。那年九月，"当时我正在小北房里写关于《红楼梦》的读书笔记，自以为找到了一处精神上的避风港，甚至是保护神。到了九月上旬，作家协会的'造反派'派了几名被从干校调回机关防空壕的'牛鬼'，打开我家两间被封的南房，把原来书房里的全部书柜书桌之类的家具书籍搬进了原来的卧房，重新上了锁，贴了封条。当天傍晚，我正因胸口发痛躺在床上，听见有人在敲击大门，从急促的声音知道是来了‘造反派’。妻子急忙赶去开门，没有料到一下子竟冲进来三四条大汉”（王西彦：《焚心煮骨的日子》，《王西彦全集》第 11 卷）。来的“造反派”一家四人，占据了王西彦的书房，把自己的家具搬进来，要做长期住下去的打算了。而西彦一家三口只能躲在小北屋，两家共用厨房、厕所，这种情况一直持续到 1975 年 4 月下旬，他们才搬走。

书房，曾经是王西彦最为得意的精神王国。他曾经这样描述：

等到梦境终于成为现实时，已经是五十年代上半期，我这枝仿佛是无根的转蓬，竟然滞留到了黄浦江边繁嚣的大城市里，而且有了一间久久期望的书房。我的住所在市西一个比较安静的地区，是一座十二层大楼，我占有四楼一组三间的房子。又幸好家庭人口不多，使我有可能着手建立一个长期渴望的王国。我选择了一间面积稍大的南房，它有一排五扇玻璃窗，还有前后两扇通走廊和阳台的门。因为朝向好，夏季很凉爽，冬季却有满房子温暖的阳光。我定制了六个杂木书橱，四个有五格高的并列在西边，刚好占满了整面墙；另外两个只有三格高的，则分列在东北两面墙边。这样，我就筑成了一座颇为富饶的书城。不用说，为了充实这六个容量可观的新书橱，我付出了力所能及的辛劳。还有个足以点缀我这座书城的有利的条件是，南窗外面是个小花园，除了一些香樟和冬青之类的常绿树，一年四季都不缺乏应景的花卉。梅花、桃花、石榴花、绣球花、白玉兰、紫罗兰，应有尽有。因为花木多，鸟雀也不少，天刚黎明就是一片此起彼落的竞唱；甚至夏秋之交从窗口传入持续不断的蝉声，也觉得不仅可以容忍，而且颇为悦耳了。（王西彦：《回归的王国》，《在自己的钟楼上》，群众出版社1996年版）

晚辈戴光中，初见王西彦，也被这书房的阵仗镇住了：

初见西彦先生是在十五年前，我和他的儿子王晓明成为同学的时候。他满头白发，一脸严肃，坐在一张巨型写字台后面，周围八只大书橱，庄严地簇拥着，墙上则挂着沈尹默、林散之等大师的墨宝。这在一个刚从北大荒来的"老插"眼里实在是前所未见的大气派！我顿时肃然起敬，油然生畏，只会怯怯地喊一声"老伯"，就再也没词了。（戴光中：《我心目中的西彦先生》，《王西彦研究资料》）

同时，带给戴光中深刻印象的是："我有个强烈的印象，只要和西彦先生谈起五十年代以后极左路线造成的种种灾难，更不要说'文化大革命'了，他都很容易激动，常常会讲得眉头紧皱，脸色沉重，言辞之剧烈、语气之激情，甚至会令人觉得他不像个年逾七十的老人。想想也是，他对这些灾难的体验实在太深了。"（戴光中：《我心目中的西彦先生》，《王西彦研究资料》）或许，这是一位真的有资格诉说苦难的老人，从童年开始，个人的命运就和时代的风雨交织在一起，"不幸"似乎是主旋律："从刚有记忆的时候起，我就看到童养媳出身的母亲，经常蓬头垢脸地坐在灶门前暗自吞声流泪。……我的老祖母虽然不是童养媳出身，却很能虐待媳妇，动不动就禁止母亲吃饭，有时甚至擎起柴棍子揪打，而且不许被虐待者出声。就在长期的痛苦煎熬下，母亲不到四十岁就永离了人世，留在我记忆里就只有她那张愁苦的面容。母亲生了三个女儿，都是我的姊姊。虽然她自己受尽了当童养媳的痛苦，却按照习俗，把女儿都'抱'给人家当童养媳。大姊的婆家在五里路外的一个小村子，我记得的是她受了公婆的打骂后，就满脸血污地逃回娘家来，可是也只敢站在家门前菜田塍上哭泣，因为她知道母亲等待她的是一根赶牛的柴棍子，做母亲的人总不敢得罪女儿的婆家。……就是由母亲和三个姊姊的愁苦面容所构成的这幅图景，覆盖着我童、少年时期的岁月，使我窥看到了人生的苦难。"（王西彦：《风雨中的独行者》，《王西彦研究资料》）他的青年时代，是民族危亡的时刻，是争自由的抗争岁月，"那就是严冬街头的呐喊和抗议，迎面袭来的水龙和棍棒，同伴们流血的额角和湿透的衣衫，自然也还有监狱的铁栅和哪喳作响的镣铐。继之而来的则是连绵不断的战火和无穷无尽的灾祸，是求生的呼嚎和遍地的骸骨"（王西彦：《冬季的收割》，《在自己的钟楼上》）。后半生，本该过上霁月光风的日子了，却也是波澜不止，坎坷不断。1966年6月，一觉醒来，他才知道自己被点了名，与周信芳、贺绿汀、周谷城等七人成为上海首批被点名批判的"反党反社会主义分子"。"运交华盖"，他和家人都沦为贱民，那段日子带给他的精神刺激，直到晚年做梦还感到酸楚。这样的场景，在他的记忆中铭刻至深：

　　几天以前的晚上，我做了一个不愉快的梦，梦见自己冒着凄风苦雨，走在一条寂寞的路上，踩着泥泞的双脚不断打滑，不止一次地几乎跌入路边的一条小河。好不容易醒将过来，茫然自问道："我究竟在哪里？"好一会才发现自己原来躺在床上，刚才的梦境……当时我正在郊县一处劳动营里接受"脱胎换骨"的改造，在享受每月一次的休假以后，按期回营，总要在黄昏时分，走一段从长途汽车站所在的小镇到七八里外海边营地的沿河小道。即使在晴天，这段暮色中的路程，也难免给我一种孤寂凄惶的感觉。只要设想一下，我是以一个罪犯的身份，走向前面那处设立在海边盐碱地上的惩罚性营地的，只要跨前一步，就接近等待着的苦役一步；望着距离愈来愈近的那一片用芦苇编搭而成的营房，我胸口这颗原本已变成迟钝麻木的心，就会不由自主地紧张起来。有一次我竟然碰上了个风雨交加的日子，即使头上带有一顶草笠，也几乎衣裤湿透，双脚打滑，险些跌进小河；而且，不满十里的路程，忽然变得格外漫长，那些原来近在眼前的芦苇编搭成的营房，也下子退得远远的，仿佛隐没到海浪中去了……（王西彦：《风雨中的独行者》，《王西彦研究资料》）

　　正是这样的经历，愈到晚年，王西彦的历史意识、知识分子的承担愈强烈，在复出文坛中，他的写作中那种忧患意识、清醒的历史道德感，是吹进中国文坛的一股罡风。——住在这个区域的几位文人，王西彦、柯灵、巴金，可以说是那个时代的文人良知和正气的标高。——特别是关于知识分子在过去的岁月里所走过的道路以及他们身上所体现出的精神气质，是王西彦以往创作中就关心之处，经历过风雨之后，他有了更为清醒的把握。他说："我在这三辈知识分子中都有很多相知较深的亲友，熟悉他们，如同熟悉我自己。这就是我的范围，我的家园，我作为一个作家的'用武之地'。""近代中国经过了一个多灾多难的历程，知识分子走的是一条异常曲折复杂的道路。在时代的风雨里，他们哀伤，彷徨，呼号；他们也探索，追求，斗争。从他们身上的确反映出近代中国苦难历程的一个侧面。从初学写作时起，我就怀有一个颇为强烈的愿望——根据自己的经历和见闻，用较大的篇幅来描绘知识分子在惊涛骇浪中浮沉挣扎的历史画面。"（王西彦：《自己的家园——〈两姊妹〉自序》，《王西彦研究资料》）在晚年，他更清醒地意识到自己手中这支笔的价值：

> 一个作家的主要任务究竟在哪里呢？从身经的"十年浩劫"中，我更清楚地觉察到了历史所包含的道德力量。我们常说：历史是无情的，是公正的，是可信任的，指的也就是它的道德力量。过去那一段黑暗岁月里，我曾经在我的难友身上看到了这种道德力量的闪光；即使他们有的已经永离人间，但他们身上的闪光却没有从我眼前消失。我认为，发掘并用鲜明的形象表现出这种道德力量，就是作家最根本、最神圣的任务。（王西彦：《关于〈在漫长的路上〉的写作》，《王西彦研究资料》）

他没有放弃自己"最根本、最神圣的任务"，一直在勤奋地笔耕。在他的创作中，有两本书，是为一个时代留下的记录，也是为历史勾画了草图。那就是《炼狱中的圣火》（人民文学出版社 1982 年版）和《焚心煮骨的日子》（香港昆仑制作公司 1991 年版)。董鼎山曾"向王西彦致谢":"近来收到老作家王西彦自上海寄来的一本《炼狱中的圣火》,读完了后,我的愤慨又感激的情绪难以抑制,愤慨是书的内容所引起,感激是王西彦这个集子给我起了一种教育的效果。我要在这里特向他致谢。""我要向王西彦致谢,不单是为了他送我一本书,而也是为了这本书可以成为预防未来精神病虐待狂者大批产生的医疗书!"(董鼎山:《向王西彦致谢》,《王西彦研究资料》)

他还想写长篇小说,并且准备已久,他说:"关于中国的知识分子,我是通过切身遭遇,通过长期的观察研究和在作品中的探索,逐渐形成自己的看法的。我觉得自己有很多话要说。1895 年,列夫·托尔斯泰六十七岁,他在日记里写道:'活的日子不多了,但是急于想讲的话却这么多。……一切都已成熟,想讲得很。……'读到这几句话时,我不禁怦然心动。我渴望在自己有限的晚年里,能够把要说的话说出来。除了目前正在做的,我打算再写几部长篇小说,反映现代中国知识分子在各个重要时期的遭遇。不过,这是后话,还要看以后主观和客观的条件。在这篇简述自己早年学习写作过程的文章的结尾,赘上这么几句,自然只是为了对自己的鞭策。我想,宽容的读者是能够体谅我这种迫切的心情的。"(王西彦:《我怎样学习写作——向故乡文学青年谈创作》,《王西彦研究资料》)这是 1981 年春天讲过的话,这一代作家有几十年时光被白白浪费掉,他们一直执着地要夺回来。戴光中曾写道:"去年,我见到西彦先生,发现他脚下有点飘。这对一位老人来说,当须倍加注意,于是我委婉进言,请他善自珍重。不料他的脸上一点儿没有赞同的神色,令我颇觉疑惑。后来听晓明说,才知道自己犯了小忌,

老伯根本不服老，丝毫没有迟暮之感，自然不愿接受此类劝慰。"（戴光中：《我心目中的西彦先生》，《王西彦研究资料》）

可是，岁月不饶人，连老人自己恐怕也感觉到了。他用"冬天的收割"比较这些永远也不愿意放下笔的暮年写作者："岁月流逝，我意识到了自己身心的变化。我的头发苍白了，眼睛昏花了，牙齿动摇了，步履蹒跚了，记忆力也衰退了，尤其是，思想和情绪都更加凄苦而压抑了。晚上一觉醒来，我在沉沉黑夜中茫然自问：'怎么？昨天我还在家乡的田野里骑牛扬鞭，一霎眼就临近生命的尽头了？'"（王西彦：《冬季的收割》，《在自己的钟楼上》）这里有多少感叹和不甘啊？他也用"坚守在自己的钟楼上，继续敲出暮色中的钟声"自励："当我现在在这里重述几年前的决心时，我并没有忘记自己的年龄和日渐衰竭的精力。我也很冷静地知道，干瘪的嗓音唱不出动人的歌，冬天的收割决不会有其他季节的丰盛。尤其是，你所能享受的短促的时间，很可能不允许你实行预定的计划。但情形即使是这样，我也还是要奋力投入眼前这场责任和生命的竞走。只要我颤抖的手还能挥动钟槌，我就要坚守在自己的钟楼上，继续敲出暮色中的钟声。"（王西彦：《在自己的钟楼上》，《在自己的钟楼上》）表达出这样的心声是在 1992 年，王西彦已经是七十八岁的老翁。我查阅他的年表，见他的身体也越来越差了：

1981 年初，颈椎病复发，右腿麻痹疼痛，推拿治疗。

1987 年 7 月，医院检查，右颈背部肌肉萎缩，颈椎病所致。

1992 年，眼睛白内障加剧，不敢多用眼。颈椎病加剧，双手麻木，右眼白内障已近失明，意志消沉。5—6 月，进医院做白内障手术。

1994 年入冬以后，衰老加剧，双手麻木，双脚走路飘忽，生活自理能力也降低，影响情绪。

这真是命运。当他的头脑比什么时候都清醒的时候，他的体力却不行了。1999 年 9 月 24 日，王西彦带着他未完成的计划离开了这个苦楚的世界。不到一年后，他的老朋友柯灵也去世了，留下的是准备多年终于也未能完成的计划：长篇小说《上海一百年》的创作。2005 年 10 月，另一位老朋友巴金也告别了他的读者，在他的写作计划中，还有两部长篇小说，以及赫尔岑回忆录《往事与随想》全本的翻译。而吴强，早在 1990 年便去世了，去世前一直都没有放下手中的笔……他们都是惜时如金的人，都是勤奋不已的人，然而，都有很多计划来不及完成。怎么说呢？如果用最大众的一个说法，或许可以说：人生都是有缺憾的。可是，我知道，他们一定不甘心这个答案，至少要问一问：是谁造就这些缺憾？——要知道，这也是中国当代文学无法弥补的缺憾。

复兴西路是幽静的，是优美的；下午的阳光是适意的，是暖人心脾的。但是，走在这里，有时候，我的怀想和心情却是沉甸甸的。我想，如果能像王西彦那样，做完一件事情后如释重负地在园子里心情舒畅地走一走，那该有多好："写完这篇序言，天已放晴，窗外展现出一片温暖的阳光，半空正掠过一群欢欣的白鸽，园子里腾着一股雨后清晨的潮气。一个渴望涌现在我心头——下楼到园子里去，在半湿的泥土里踩出你新的脚迹，即使不是家乡暮春季节的紫云英田，我也并没有光赤着脚板。"（王西彦：《〈王西彦散文选〉自序》，《王西彦研究资料》）这个时候，我的目光也会越过梧桐树浓密的叶子，寻找，寻找天空中是否有"一群欢欣的白鸽"。

蓝妮弄堂2号的传奇

惜　珍

　　复兴西路44弄有个好听的名字叫蓝妮弄堂，又叫玫瑰别墅。蓝妮和玫瑰很容易让人和优雅、美丽等与女人有关的词汇联系起来。事实上，蓝妮弄堂的原房主确实是一位美丽、优雅的女人，而且她的芳名就叫蓝妮，她就住在蓝妮弄堂2号。有关蓝妮的传说就像这条弄堂一样跌宕起伏，异彩纷呈。

　　蓝妮弄堂所在的复兴西路是一条十分幽静的马路，那种安宁闲适的气息从马路开端就飘散一路。复兴西路开辟之初，市政规划只允许此路段建造西式房屋，并规定为纯住宅区，所以以复兴西路全路段均为花园洋房和公寓，其中建筑风格又以 Art Deco 艺术装饰为主。在沿路法国梧桐的掩映下，环境十分幽雅，为当年上海文人雅士最钟爱的居住地带。复兴西路、淮海中路和乌鲁木齐中路的三角形交叉处有一块绿地，这里曾是建成于1924年的宝昌公园，1954年改为儿童公园，绿地中间设置着青铜质的人民音乐家聂耳的塑像（我国当代雕塑大师张充仁所作），地面是用彩色瓷砖拼出的五线谱。聂耳铜像英姿飒爽，似乎在指挥路人合唱《义勇军进行曲》。对面的复兴西路10弄弄底是上海越剧院所在地，里

蓝妮弄堂 2 号（贺平　摄）

蓝妮弄堂2号阳台（贺平　摄）

面花园里有越剧艺术家、曾经的院长袁雪芬塑像，悠扬缠绵的越剧曲调随风轻轻荡漾在路上，铸就了一种温柔中略带感伤的气质。复兴西路上坐落着不少精致的花园别墅，沿路参差排列着法式、西班牙式的小洋楼，营造出一种斑斓的法兰西风情。

初春时节，蓝妮弄堂安静极了，风吹过树叶发出轻柔的沙沙声，几只小麻雀在弄堂里笃悠悠地走来走去，偶尔有人走过就唰地一下飞走了。这时，走进弄堂的人就会情不自禁地把脚步放得很轻，生怕打扰了弄堂的安静。一眼望去，蓝妮弄堂显出一种特有的妩媚，七幢体量相近、风格有点相似的花园别墅分别采用了七种不同的颜色，乳白色、浅粉色、浅棕色、湖绿色、浅黄色、紫罗兰色、浅蓝色等各不相同又悄然暗合的色彩，在阳光下显出旖旎的风情，那种暗藏着的女性审美理念以及蓝妮弄堂的名字令人想象它们的创建者应该是一位美丽浪漫的女性。和色彩的丰富不同，建筑的外在形体却很简洁，平屋顶，水泥砂浆外墙，强调横向线条，用圆角阳台和楼梯间造型，体现出现代建筑风格，一些墙面的菱形、六边形窗洞，有斗拱形态意象的阳台栏杆及席纹窗洞格栅等则具有中国传统装饰图案，部分门、窗洞上的铸铁几何花饰构件和门框的几何图案雕刻则显示出装饰艺术派风格。

这条在上海滩显得十分另类的弄堂是一条花园别墅里弄，它建于 20 世纪 30 年代。因建造时在弄口地面上砌有"玫瑰"两字，故老上海人又称之为"玫瑰别墅"。弄堂里很干净，弄内每一幢别墅里的房间功能都是按照西方人的生活方式布置的，门前都有面积不小的庭院和碧绿的草坪。庭院里繁茂的树木透过围墙伸出高大的枝叶，其间不乏花树。开花时节，那些白玉兰、桃花、蔷薇、海棠、月季等争奇斗艳般张扬在弄堂上空，花草的香气浸润着整个弄堂。

蓝妮原是苗王公主

蓝妮弄堂的原房主是蓝妮，她的祖先曾是苗族部落首领，所以在云南时，蓝家一直被当作苗王后裔来对待。蓝妮，1912 年 7 月出生于澳门，原名蓝业珍。从小聪明伶俐的蓝小姐不但长得漂亮，而且极有异域风情。高鼻深目，眼睛瞳孔呈湛蓝色，看上去就像可爱的洋娃娃一样，被称为"苗王公主"。蓝妮的祖父蓝和光是清光绪末年举人，曾任广东香山县知事。1900 年举家迁移至澳门，蓝和光曾前往湖南、广东、浙江及澳门等地经商、办厂搞实业，为蓝家创下了基业，成为一位事业有成的实业家和商人。蓝妮的祖父热心于社会公益事业，发达后，出资在家乡云南建水县创办学校。不久，蓝家迁居广州。蓝妮的父亲蓝世勋是孙中山共和思想的追随者，他在家经常讲孙中山的共和思想，给蓝妮留下深刻印象。蓝世勋在参加同盟会后，追随黄兴并任其部参谋长，辛亥革命后远赴英国剑桥大学深造。蓝妮的母亲也是名门闺秀，能写一手好字，她亲自教授小蓝妮中国古典文学，让她很早就接受了中国传统文化的熏陶。蓝妮父亲还特地为女儿请了一位学问很深的私塾老师，教她读"四书五经"，老师要求蓝妮必须把每天所教的内容熟读并背诵。背诵时，她要把书摊在先生的桌子上，背朝着桌子站在先生的椅子边。蓝妮曾回忆说："有次书未读熟，我趁先生不备，不断回过头去偷着瞄书本，终于被先生发觉，竟被罚跪了半天之久。"可见家教之严。蓝妮十一岁时入南京惠文中学读初中，十三岁进南京暨南女中，十五岁回上海升入智仁女子中学读高中。蓝妮的聪慧和渊博的家学，使她成长为一名热爱生活、追求自由的少女。说起来，蓝妮的名字还有个故事。蓝业珍颇有人缘，同学间发生争吵，只要她到场一掺和，顷刻之间就会化干戈为玉帛。有同学开玩笑说蓝小姐就是一把烂泥，会把大家糊到一起。因为姓蓝，同学们就给她取了一个绰号"烂泥"。她居然一点也不生气，后来自己干脆将"烂泥"取其谐音"蓝妮"作为自己的名字。这名字写出来好看，读起来也好听，逐渐代替了原名蓝业珍。

蓝妮十四岁那年，祖父因产生乡恋之情，独自回了云南老家，蓝妮随父亲来到上海。到上海不久，蓝妮的父亲与好友陈保初一同外出时，途中遭歹徒袭击，好友中弹，当场毙命，受了惊吓的蓝世勋回家后就精神失常了，从此丧失了工作能力，家庭经济收入自然入不敷出。此时，蓝世勋想起自己尚有二十万两银子被把兄弟刘德辅借去，在香港开办摆渡汽车的渡海轮船公司，便想去香港向刘德辅索取这笔借款，同时借机去香港寻求名医治疗自己的病症。在两个老仆的陪伴下，蓝世勋从上海乘船赴香港，找到了刘德辅。可那人居然忘恩负义，翻脸不认账，一口咬定根本没有向他借过这笔巨款，而且连地主之谊都未尽，马上打发他和两个老仆回上海。回到上海后，两个老仆见利忘义，不但没有送蓝世勋回家，反而席卷了其带去香港看病的费用和所有盘缠，逃之夭夭。遭此打击，蓝世勋病情更加严重，蓝家的生活就此陷入困境。

此时，同住上海襄阳南路、时为南京政府财务部常务次长的李调生提出，愿意为其次子李定国聘娶蓝妮为媳妇，如果蓝家应承了这门婚事，可以每月给蓝家津贴100元。当母亲含泪向蓝妮说出此事时，十七岁的蓝妮为了解决家庭困境，答应结婚。不久，正在学校读书的蓝妮，嫁给李定国为妻。比蓝妮大两岁的李定国长得倒是一表人才。李公子毕业于上海法政大学，喜好京剧，还能唱上几段。但是这对在外人眼中天造地设的夫妻婚后生活并不美满，李家是封建汉族官僚人家，府中规矩极多，李家老辈人亦常因李家出钱资助了蓝家解困，常将蓝家理应对李家感恩戴德之类的话挂在嘴边，根本不将蓝妮平等看待，甚至连佣人也不把她放在眼里，致使这位生性倔强的苗王公主很不适应。最令蓝妮难以接受的是丈夫的纨绔做派，他每天无所事事，终日待在家中吃喝玩乐，沉湎于安逸之中。饱读诗书的蓝妮和他很少有共同语言，结婚五年，却形同陌路。1934年，忍无可忍的蓝妮决定与李定国离婚，年仅二十三岁的她忍痛抛下自己的一儿两女，委托大律师吴凯声出面调解，双方协议离婚。李定国并未付出任何赡养费用，即办妥了离婚事宜。吴凯声问蓝妮："你离婚后怎么打算？"她当场回答说："我身上现在还有几百块钱，用完以后，就去投黄浦江。"

成为孙科二夫人

蓝妮与李定国离婚后，为了养活父母与弟妹，她必须出去工作，但一般的职员工资是难以养家糊口的。由于她出身贵族，离婚前又是豪门媳妇，接触的都是上层人士，所以做起了汽车中间商，俗称"跑街"。当年上海汽车很少，非有钱人是买不起的，蓝妮利用自己的优势，顺利打入汽车市场。之前在学校里的一些同学，知道她自由了，便经常带她出席各种上流社会活动。蓝妮特有的异国长相和饱读诗书历练出的风情，犹如一枝风姿独特的美艳花朵绽放在20世纪30年代的上海滩，很快有了不小的名气。有人说："谁想要知道西汉赵飞燕、东汉貂蝉的美丽形象，只需要去看蓝妮就行了。"

1935年暮春的一天，蓝妮的同学陆英打电话给她，请她晚上去赴家宴。就在这次家庭宴会上，她认识了孙中山先生之子，时任国民政府立法院院长的孙科。孙科虽然比蓝妮大二十一岁，但他自幼接受西洋文化，学识渊博，风流倜傥。初见蓝妮，孙科就被她宛若西洋女性的美迷住，加上蓝妮又能说一口流利的英语，孙公子的一双眼睛就再也没有离开过这位风情万种的美人。而蓝妮也被这位民国公子的潇洒风度所吸引，彼此倾慕，两人交往日渐频繁。其时，孙科独居在南京，生活上缺少照顾，就聘请蓝妮充当他的私人秘书，帮他处理一切公私事务。于是，蓝妮便以民国立法院院长孙科私人秘书的身份出现在南京。孙科无论工作还是日常交际，蓝妮总是陪伴在他身边，犹如形影不离的伴侣。但此时，孙科已经有了明媒正娶的原配妻子陈淑英。早在1912年，孙科出国留学时，就与表妹陈淑英在檀香山成了亲。南京国民政府成立后，孙科供职于此，由于南京天气湿热，夫人陈淑英因在病中无法适应这里的生活，便返回澳门养病。天生心性温厚的孙科，自然不会抛弃糟糠之妻，但他又实在离不开美丽知心的蓝妮。蓝妮深知这一点，虽然觉得不妥，但考虑到孙科的妻子远在澳门，自己和孙科又是彼此相恋，难分难舍，于是，便奋不顾身地一心一意跟着他。民国时期，已经实行了一夫一妻制，但孙科还是不顾社会和家庭的重重压力，坚持要娶蓝妮为二夫人。两人的结合既没有办理正式手续，也没有举行婚礼，只是请了立法院的同事，一共摆了四桌酒席。由于蓝妮只是昵称，孙科又为她取名"巽宜"。为了表示自己对蓝妮的忠贞感情，1946年孙科亲笔给蓝妮写了一张字据。上写："我只有原配夫人陈氏与二夫人蓝氏二位太太，此外决无第三人，特此立证，交蓝巽宜二太太收执。"落款是"孙科卅五.六.廿六"。

蓝妮与孙科结合后，如胶似漆，十分甜蜜，蓝妮成为孙科的得力助手和知心爱人，孙科则是蓝妮漂泊之后心灵栖息的港湾。因父母在上海需照料，蓝妮有空就经常到上海来。1935年，孙科为她在上海买了一幢花园洋房，今址在淮海中路1857弄67号。此洋房之美且不说，其二层有间大浴室，落地窗的玻璃五颜六色，浴池非常宽阔，陷于地面，这是当年上海滩独一无二的。1938年8月6日，蓝妮在上海生下女儿，孙科为她起名孙穗芬。抗战时因国民政府迁往重庆，蓝妮便将女儿托付娘家照看，自己则追随孙科到了重庆。当时正值国共第二次合作时期，蓝妮有幸时常跟随孙科去往重庆曾家岩的八路军办事处，会见周恩来、邓颖超、董必武等中共领导人，商讨抗日救亡大计，并在私下里与邓颖超结为好朋友。她称邓颖超为"邓大姐"，邓颖超对蓝妮也十分尊重，称她孙太太。

1940年，陈淑英来到重庆，蓝妮为避免尴尬选择回避。在征得孙科同意后，蓝妮离开重庆独自赴日伪占领下的上海，回到了女儿孙穗芬的身边。

沪上四位建筑师担纲设计

蓝妮回到上海，除了抚养女儿孙穗芬，还要接济与前夫所生的三个孩子。当时孙科在和上海远隔几千里的重庆，银行邮汇都不通，要带些生活费给她非常困难，蓝妮必须要挣钱养活自己和孩子们。她开始与人合伙承包工程，凭着自己的地位与人脉，周旋于上层社会，并开始涉足上海的房地产业。聪明的蓝妮以敏锐的商业眼光，看中了当年属于法租界的复兴西路一块地皮，并请来地产大王杨润身协助。这位地产大王毕业于圣约翰大学，学的是建筑。他先做建筑设计，后又做地皮生意，今日复兴西路34号卫乐公寓十二层公寓当年就是他的。蓝妮初识杨润身是在广东大茶商唐季珊举办的宴席上，杨润身见蓝妮皮肤白皙，身段苗条，谈吐优雅，仪态大方，惊为天人。每当蓝妮有事相求，他自然是鼎力相助。杨润身帮蓝妮策划将卫乐精舍西侧一片农田以极低的价格买下，蓝妮则将自己住的淮海中路1857弄67号花园洋房卖掉作为开发这片地产的启动资金。考虑到房子的设计成功与否一定程度上决定了房子的价格，杨润身又为蓝妮请来沪上最有名的四位建筑师，即陈植、赵琛、董大酉和奚福泉，上海建筑界都知道为蓝妮弄堂设计的这四位建筑师的权威性。陈植新中国成立后是上海市民用建筑设计院的院长；赵琛是华东工业设计院的院长；董大酉是天津建筑设计院的总工程师，80年代回杭州；奚福泉是上海轻工业设计院的总工程师。四名著名建筑师没有全包七幢，而是每人选择建造一至二幢。建筑师们根据该处的地形与环境，设计建造了七幢风格类似的独立花园洋房，每幢都是三层楼，建筑面积在四百至五百平方米。每幢款式不同，但都是现代建筑风格，符合当时世界建筑的潮流，外墙又以七种颜色呈现，令人赏心悦目。室内宽敞明亮，每幢房前都有一个面积不小的庭院，住宅内起居方式已完全西化，各种房间功能均按照西方人的生活方式布置。汽车库全部安排在弄底，蓝妮自己就开一辆浅绿色的司蒂培克轻型汽车。蓝妮英文名Rose，故这条弄堂命名为"玫瑰别墅"，并在弄口地面上砌有"玫瑰"两字花砖。房屋落成时，蓝妮自己住2号楼，蓝妮的母亲、弟、妹及她的儿女都住5号，2号与5号的大门正好对应。其余五幢别墅则租了出去，租住的也都是有身份的人。弄内很安静，外人是不能随便入内的。

蓝妮所住的2号是我国第一代建筑师奚福泉精心设计的。奚福泉，1903年生于上海，十一岁便考入工部局英国人开设的华童学堂，1921年考入同济大学德文专修班，1922年赴德国留学，考入达姆斯特工业大学，于1926年获得该校建筑系特许工程师证书。1927年又进入德国夏洛腾堡工业大学建筑系做研究，于1929年12月获得该校工学博士学位后回国。回国后就在上海英国人办的公和洋行从事建筑设计，1930年7月加入中国建筑师学会，1931年4月创办启明建筑师事务所，1934年又创办了公利工程司，任建筑师和经理。他设计了许多花园洋房、住宅别墅和公寓大楼，在沪上建筑界享有很高的声誉。四位建筑师一起设计一条弄堂里的住宅，每个人都会把自己的设计做到极致，不由自主地暗暗较劲是必然的，所以每幢别墅都是精心设计的，这也是蓝妮的聪明之处。比起玫瑰别墅的其他房子，2号的围墙是最高的。建筑为浅粉色拉毛外墙，平屋顶，绿色钢窗，一、二层间有线脚装饰。建筑平面呈L形，主入口朝北凹入，门套上有菱形装饰，门楣中心饰以锁石，上有雨篷。二层以上凸出弧形，底层用圆柱支撑。三层挑出阳台，镂空栏杆，转角开弧形窗。该住宅造型别致，房屋宽敞，采光明亮，将近四十平方米的客厅面南，窗户面朝花木葱茏的庭院。布置简洁的客厅墙上挂着不少照片和装饰物，客厅东墙正中挂一幅蓝妮与孙科的合影，那是蓝妮1935年和孙科结婚时在上海拍摄的，北墙上则挂着他们的女儿孙穗芬的肖像。

坊间传闻孙科用来路不明的巨款，为蓝妮建造玫瑰别墅，金屋藏娇。晚年的蓝妮一直说，玫瑰别墅与孙科根本无关，是她用自己的血汗钱建造的。当年蓝妮的地产事业做得很大，她同时还从事房屋建筑，进口德国油漆颜料等生意，赚的钱应该是不会少的。

2号的绑架案与蓝妮事件

蓝妮住在玫瑰别墅2号时，家里用了两个女佣，年长的陈妈和十六岁的翠英。1946年的一天，蓝妮的朋友在十六铺一家本帮餐馆德兴馆宴请蓝妮，蓝妮高高兴兴地去了。大约傍晚时分，陈妈在忙着做饭，翠英接起电话，是一个男人的声音，那人在电话里说蓝小姐吩咐要接 Nora（孙穗芬的英文名）来饭店共进晚餐，一会儿就会派汽车到家里来接。翠英一听是主人的吩咐，自然不敢怠慢，她立即为八岁的 Nora 梳妆打扮一番，并换上一条颜色鲜艳的连衣裙。不多久汽车到了，翠英把打扮得漂漂亮亮的 Nora 送上汽车，自己也上车一路陪送。汽车开到一家饭店门口，一个人上前打开车门，对翠英说："蓝小姐就在楼上等着，我把 Nora 小姐送上去。你可以先回去了！"刚从乡下来到上海的翠英，哪里知道上海滩的凶险，便让 Nora 下了车跟他走了，自己则安心地回家了。

深夜，蓝妮带着酒意回到家中，翠英见她一人回来，脱口就问：Nora 小姐呢？蓝妮感到奇怪，说小姐不应该在家里吗？翠英说，不是您派人来把她接走吃饭去了吗？蓝妮一听，顿时花容失色，赶紧追问是怎么回事。等问清事情经过后，她意识到应该是碰到绑匪了。这时，家里的电话铃响了，接起来一听，是个陌生男人的声音，那人在电话里说 Nora 小姐在他们手中，会照顾得很好的，请蓝妮放心。接着话锋一转，说他们现在有困难，要向蓝小姐借三十万美金，并要蓝妮在家随时等候下次电话。蓝妮放下电话，心急火燎地拨通了南京孙科的电话。以孙科立法院院长的身份地位，岂能向不法之徒妥协？第二天一早孙科就命令时任上海市警察局长的宣铁吾出面营救女儿，对外则严加保密。但狡猾的绑匪知道 Nora 的身价，她并非一般有钱人家小姐，于是处事更加小心周密。宣铁吾虽十分重视，一时也无从着手。蓝妮爱女心切，唯恐绑匪伤害她，因此坚决反对警方插手，而是与匪徒商讨赎金数额。经过一番讨价还价，最后讲定十万美金的赎金。为了筹集这笔巨款，蓝妮打电话给上海地政局局长祝平，要他把复兴西路玫瑰别墅的七幢房子单据（旧时买地的一张凭证），立即改成正式的房契，然后抵押给银行，才凑得十万美金。筹齐后，蓝妮由其弟蓝业申偕同连襟倪振林将现金送往四川北路凯福饭店。绑匪拿到钱后的当日傍晚，就电话通知蓝妮前往南京大戏院（今上海音乐厅）二楼第一排去接女儿。蓝妮立即亲自驾车赶往南京大戏院。当见到宝贝女儿正独自坐在二楼第一排吃雪糕时，蓝妮才算放下心中石块。她疾步上前，紧紧抱住女儿，生怕会再失去。

玫瑰别墅绑架案从发生到结束，始终是悄无声息地进行的，只有少数亲人好友知道。蓝妮深知此事若张扬出去，一则有损立法院院长孙科的声誉，二则不利于女儿的安全，三则更怕闹得大报小报沸沸扬扬。事后得知绑匪吴永吉、宋玉树二人系蓝妮的朋友，吴永吉是上海久大银行经理，此人嗜赌如命，整个家产几乎被他输光；宋玉树也是开银行的，由于那时上海的金融业不景气，他的银行停业关门，为此两人狼狈为奸，密谋策划绑架了 Nora。

绑架事情发生两年后的 1948 年，孙科参选民国政府副总统时，发生了"蓝妮事件"，结果不仅孙科落选，而且导致蓝妮和孙科产生隔阂，从此两人伯劳东去燕西飞，结束了近十三年的夫妻情缘。其实，所谓的"蓝妮事件"本是一桩普通的房屋租赁事件，但经过媒体添油加醋的炒作，闹得满城风雨。那是 1941 年 8 月，蓝妮将玫瑰别墅 4 号租借给商人支福元，由于物价飞涨，蓝妮在租金上蒙受了很大的损失。租满一年后，她决定收回房子，但支福元以还可以续租一年为由不肯退房。蓝妮请孙科出面，催逼房客迁出房屋。

在她看来，由孙科直接出面，哪有不胜之理。但在老百姓看来，堂堂立法院院长孙科卷入"情妇"的房屋纠纷诉讼案，是一件不光彩的事。尽管蓝妮积极为孙科助选副总统，却落了个功败垂成的结局。孙科的竞选参谋团将失败完全归咎于蓝妮，孙科也对蓝妮颇有怨言，两人最终彻底分手。

看来，孙科并非如人们所说的"不爱江山爱美人"。

1948 年底，国民党政权摇摇欲坠，政局动荡不安。蓝妮看到上海已难安身，考虑再三先把女儿和弟弟蓝业申送往香港，自己则于 1949 年 4 月离开上海。她晚走是有原因的，父亲患病住院，母亲又不愿抛下丈夫随女儿远行，她不得不想方设法安顿好父母才放心。蓝妮当初想的是自己此行不会太长久，很快就会重返上海，却没想到这一走就是将近四十年，空嗟叹：故园回望路漫漫！

艺术家相继住进蓝妮弄堂

新中国成立后，国家将玫瑰别墅收归国有并作为地方民房。一些艺术家也陆续住进了这里，其中住得时间较长的是徐玉兰和周小燕。

徐玉兰住的是玫瑰别墅 6 号。徐玉兰是越剧表演艺术家、越剧徐派创始人、越剧电影《红楼梦》中贾宝玉的扮演者。徐玉兰和王文娟对唱的《天上掉下个林妹妹》唱段几乎家喻户晓，传遍大江南北。住在玫瑰别墅的居民经常看到徐玉兰在自家阳台上搁腿，练功，《金玉良缘》《宝玉哭灵》《北地王·哭祖庙》等脍炙人口的徐派唱段不时从玫瑰别墅 6 号二楼传出。他们还经常可以看到上海越剧院的名角以及徐玉兰的徒弟钱惠丽等人款款走进玫瑰别墅，走入 6 号徐玉兰家。缠绵悱恻的越剧曲调，咿咿呀呀地飘散在玫瑰别墅上空，满是江南风情。

玫瑰别墅7号曾是被赞誉为"中国夜莺"的花腔女高音歌唱家、美声声乐教育家周小燕的寓所。曼妙的音乐从周小燕家那扇窗口飘散开来，荡漾在复兴西路的上空，那是周小燕正在教授学生声乐课程。每次授课她都精神矍铄、神采飞扬，但等学生离开家门，她常常累得躺在沙发上不愿动弹。家中的保姆心疼周小燕，想帮她婉拒一些上门请教的学生，于是在接听请求拜访的来电时小声称周老师不在家。可是十有八九被听力敏锐的周小燕听到，她急得大声喊："我在！我在！"帮助有学习声乐潜质的晚辈被周小燕视为自己义不容辞的职责。于是，一批又一批学子，相继走进周小燕的家，现已成为著名歌唱家的廖昌永当年更是经常出入玫瑰别墅的恩师家。

中西方文化交融的音乐和传统越剧为玫瑰别墅染上了一抹浪漫的风情，这大概是蓝妮最初没有想到的。

蓝妮在这里度过人生最后时光

蓝妮到香港后，唯恐坐吃山空，就以弟弟蓝业广的名义，在雪厂街开了一家大隆金号，从事K金的买卖炒作。大隆金号最后关门大吉，蚀掉全部家当。尽管在生意场上不顺利，但蓝妮把女儿孙穗芬看成是自己的希望所在，想方设法为女儿创造优越的教育条件。孙穗芬早先进英皇佐治五世学校读初一；1951年到台中天主教创办的静宜书院读书；1954年又回香港英皇佐治五世学校；高中毕业后到台湾，进航空公司当空姐。1957年，孙穗芬在中国台湾和美国一个航空公司的飞行员孙康威结婚。后来，孙穗芬前往丈夫航空公司所在地泰国曼谷，蓝妮亦告别居住了十几年的香港，随女儿一家在泰国生活了四年。1962年，蓝妮又随女儿一家移居美国，母女俩加入了美国籍，后来她单独定居旧金山。1973年孙科病逝于台北。蓝妮没能去台湾和孙科见上最后一面，但她嘱咐女儿孙穗芬赴台为孙科奔丧。

1982年秋，中共中央统战部盛邀蓝妮母女回祖国观光。9月18日，她登上飞机，穿越太平洋，回到魂牵梦萦的祖国大陆。在首都机场，虽然已是晚上，但踏上这片生养自己的故土，七十高龄的蓝妮笑脸上挂满泪花。上海是她和女儿大陆之行的重要一站。10月2日，蓝妮来到了久违的上海，住进锦江饭店。访问的时间结束了，蓝妮一步三回头地登上飞机，依依不舍地告别亲朋好友。一回到美国，蓝妮就迫不及待地给邓颖超写了一封信，吐露了自己对故土的深深怀念，并明确提出回国定居的请求。1986年，是孙中山先生诞辰120周年，邓颖超向蓝妮郑重发出邀请，请她和女儿孙穗芬回国参加纪念活动，同时请她永远留下来。当时，孙穗芬已在美国商务部做商务领事，是一名华裔外交官。收到邓颖超的邀请，蓝妮高兴极了。在海外漂泊多年的蓝妮决定叶落归根，回国定居。蓝妮到上海后，有关部门安排她暂时住进了锦江饭店。

1990年6月29日是蓝妮八十大寿，这时孙穗芬已经在美国驻上海总领事馆任商务领事。蓝妮和前夫所生的儿子李振亚，女儿李莹、李华和孙穗芬于蓝妮生日当天晚上在上海海港宾馆一起为母亲祝寿。当年秋天，玫瑰别墅2号整修完毕，蓝妮从锦江饭店北楼迁回自己魂牵梦萦的旧居。她雇了三个湖州南浔女佣，为她料理家务，打扫房子，做饭。2号的花园有近二百平方米，无人修整是不行的，她把之前的老佣人花匠小孔的儿子孔宝子和其老婆翠英招来同住。当年蓝府女佣除了翠英及年长的陈妈外，还有 Nora 的奶妈及其丈夫小孔。小孔是当差兼花匠，翠英以后嫁给小孔的儿子孔宝子。新中国成立后，小孔在襄阳公园看门，孔宝子和翠英也随之进入徐汇区园林部门工作，20 世纪 80 年代孔宝子曾任桂林公园支部书记，退休后也在襄阳公园发挥余热。孔宝子的父亲小孔到暮年才回湖南老家。孔宝子和翠英的入住不仅给蓝妮带来安全感，又可整修花园，岂不两全其美？小孔也没有忘记老东家，从湖南来过上海好几次探望蓝妮。当年女儿孙穗芬被绑架一事，蓝妮念及翠英年少无知，并未责怪，只吩咐她今后要多加小心，足见蓝妮对待下人心地宽厚。现在翠英重回蓝府当保姆，宝子也搬来玫瑰别墅同住，他们白天工作，晚上陪陪老太太，四十年后的主仆重聚，也是一种难得的缘分。蓝妮住进玫瑰别墅后几乎足不出户，天气好的时候她会到花园里散散步，看看花草树木。宝子把院子侍弄得很漂亮，姹紫嫣红的，让蓝妮四时有花可赏。偶尔走到弄堂里，看见过她的邻居都说她为人很和善，没有什么架子。蓝妮年轻时就喜欢搓麻将，平日无所事事，常以搓麻将来消闲。在她宽敞的客厅里，安置着一只当时少见而别致的麻将桌，她几乎每天晚上都要搓一会麻将才回房睡觉。

1992 年 7 月，孙穗芬调任美国驻法国巴黎大使馆任商务参赞。两年后，辞去公职，到香港创办了一家咨询公司——香港顺亚顾问有限公司。孙穗芬常常奔波于上海、中国香港和美国，为开拓中国的贸易市场，乐此不疲。所以，孙穗芬很少有时间陪伴母亲，即便来上海，也是来去匆匆。看着女儿事业干得红红火火，蓝妮深感欣慰，她觉得这才像她的女儿，自己年轻时不也是这样的吗？1996年9月26日晚，蓝妮一场麻将搓到11点才上床就寝。第二天日上三竿，保姆见主人还未起床，就进来叫她，可却叫不醒，再一看，人已昏迷，当即设法把她送到华东医院抢救，但终未能把她抢救过来。八十五岁的苗王公主蓝妮在玫瑰别墅里安详地走完了她历经坎坷的一生。女儿孙穗芬为她操办后事。当时，人们没有看到有关她去世的点滴消息。一代佳人，就这样悄然离去。

蓝妮去世后，定居台北的孙穗芬回玫瑰别墅居住。人们看到的孙穗芬是一位漂亮精致的女人，她留着干净利落的中式短发，保留了妈妈喜欢穿旗袍的习惯，带着和旗袍同色系的大耳环，她的指甲油也总是和自己的着装颜色相协调。当她出现在公共场合时，不会忘记用特别的小配饰或珠宝点缀当天的整体造型。孙穗芬说话语速很慢，给人的感觉是只有老上海名媛才有的优雅风韵。即便是到了古稀之年，人们还是称她为孙小姐，她也喜欢这样的称呼。她将玫瑰别墅家里摆设得和她本人一样漂亮精致，客厅门口摆放着杨惠珊送的琉璃工房的木箱子，屋子里摆放着红木雕花家具，还有牡丹花纹的白瓷瓶和铜佛像，茶几上放着好朋友 Tess Johoson 和尔冬强合作的《上海建筑 Art Deco》画册，墙壁上挂着她年轻时参加社交舞会时别人照着她模样画的油画，卧室墙上有自己从印度带回来的大红绣花拼图挂毯，脚上穿的拖鞋是绣有中式图案的大红绸缎所制，这一切显示了主人独特的品位和审美。当时住在复兴西路的人经常可以在早晨碰到正在跑步的孙穗芬，即便雨天也无例外。遇到邻居跟她打招呼，她会礼貌地点头回应。如果天气不错，孙穗芬喜欢坐在自家别墅的小花园里，坐在遮阳伞下的藤椅上喝喝茶、看看书。上海是孙穗芬待得时间最长的地方，不过一年之中她也会有好几次远行。

2010年岁末，孙穗芬去台湾参观花博会。2011年元旦上午，孙穗芬准备坐飞机回到香港。在搭车由台北前往桃园机场的路上突遇车祸，被送进台北新光医院，经过近一个月的治疗后，不幸于1月29日下午2时50分在新光医院逝世，享年七十二岁。

假如不是那次车祸，我想蓝妮弄堂里应该还会有孙穗芬穿着大红绣花拖鞋的身影，只是如今一切都已随风飘逝了。

在这里感受建筑泰斗庄俊的家国情怀

惜　珍

　　初冬季节，寒风飒飒，梧桐树叶凋零，我来到复兴西路
45 号门前，梧桐树下的这幢建于 1921 年的独立式花园住宅
毫不显山露水。为了看清楚这幢房子的全貌，我移步到马路
对面。远远望去，只见它低调地窝在一排民居之间，淡黄色
水泥砂浆外墙，砖红色的顶，上面有老虎窗，二楼是长方形
的钢窗，门前的铁门上有复兴西路 45 号的门牌。假如不是
一侧的墙上挂有"徐汇区文物保护点"的牌子，大多数走
过的路人都不会注意。但我知道这幢房子非同一般，它的主
人是建筑界的泰斗，我国第一代建筑师庄俊。

　　庄俊的一生历经清政府、民国政府、抗日战争直至中华
人民共和国建立，他的作品大部分留存在高等院校、银行、
医院等地，至今保存完好，几乎没有败笔，有不少被列为优
秀历史建筑。庄俊为中国现代建筑事业的发展做出了巨大贡
献。与他同时代的建筑评论家曾这样评论他的作品："盖古
典派建筑，如中国之骈体文，稍有离题，即画虎类犬，且其
雕饰、柱头、花线等，均足以耗金费时，故建筑家多有避之
者。庄建筑师不避繁难，是其勇敢处，不惮物议，是其果决
处，均非常人所能及。"遗憾的是，与庄俊同时代的外国建

筑师邬达克在上海的名声如雷贯耳，而对本土的这位泰斗级建筑师庄俊知道的人却不多。顿时，眼前的这幢房子在我眼里显得非常神圣，我要通过它读懂这位建筑泰斗的家国情怀和他曾经的不凡岁月。

从铁门进去，是甬道式庭院。这座建筑占地狭长，整体平面呈 L 形，由南北衔接的两套单元组成。抬眼看去，只见淡黄色水泥砂浆外墙的墙角以清水红砖砌筑成齿状隅石造型，大门门楣和两侧也装饰着红砖。走进室内，楼梯栏杆为细长的乳白色柱形，柱式带有罗马柱遗风，沿着深棕色楼梯台阶上楼，可见深棕色的木门上部有圆形中镶嵌着井字形的装饰。从室内的落地窗出去是很大的阳台，阳台围栏镶嵌着方形绿釉花窗，中央列置深绿色的陶瓷宝瓶栏杆，窗下设置带花窗的混凝土花箱，窗楣及花箱皆以橘黄色涂料勾边，加之淡黄墙面和绿釉栏杆的衬托，显得雅致而明亮。阳台上摆着一些盆栽植物，为屋子增添了勃勃生机。住宅南部曾有一座较大的花园。现在站在阳台上，可以看到三株大树，分别是两株香樟树和一株楝树，冬天不落叶的香樟树枝繁叶茂，楝树叶子落尽，小小的果实挂满枝间。

屋子方方正正，朴实严谨，从一些细节上隐约可见装饰艺术派风格。客厅里有个石头砌的壁炉，壁炉两侧有壁柱，中间有炉门，炉膛是黄铜的，非常精致，壁炉下有铁块衬底。室内摆设简朴，却又整洁得一丝不苟，感觉屋子里似乎依旧留存着庄俊的气息，让我顿生高山仰止之心。

成为庚子赔款公款留美生

庄俊祖籍宁波，1888 年 6 月 6 日生于上海。庄俊祖上是宁波名门，其祖父开的"庄源大酒行"当年在宁波颇有点名气。祖父生有三个儿子，庄俊的父亲是最小的，酒行由大儿子经营。庄俊父亲为人忠厚老实，生有两个儿子，即庄俊和他的哥哥。只可惜庄俊的父亲在三十多岁时就患痨病去世，当时庄俊只有五岁，他和母亲住在上海徐汇区大木桥路一带，依靠祖传酒行分给的部分利润勉强维持家中生活。1903年，庄俊进入老城厢内的敬业学堂（今敬业中学）求学。因家境贫寒，没钱坐车，庄俊每天只能在帮母亲干完家务活后，跑步赶到学校上学。三年后，庄俊转到南洋中学。创建于1896年的南洋中学是国人自主创办的第一所新式中学，被民国著名教育家吴稚晖誉为"中国之伊顿"，有着悠久的历史渊源和深厚的人文底蕴。庄俊1909年以优异的成绩从南洋中学毕业后即考入唐山路矿学堂。

唐山路矿学堂是唐山交通大学的前身，现为西南交通大学。因为唐山路矿学堂在1908年1月就脱离了京奉铁路局，改由清政府邮传部直辖，办学经费有保障。为了吸引优秀生源，学校规定每月给学生发放"赡银"，即助学金，其数额超过了当年一般工人的工资，所以唐山尽管不是大城市，但也吸引了一些沿海大城市的学生到此求学。唐山路矿学堂的学制是参照欧美教育体制确定的，培养目标与欧美工科大学相类似。学校还聘请了外教担任专业课教师，除中文外所有课程均采用英语讲授，当时的办学水平已经达到国外同类大学的标准。学校对学生的入学资格也有明确的规定，学生的起点普遍很高。这些都是家境困难但成绩优异的庄俊选择这所学校的重要原因。唐山路矿学堂全部公费，这让庄俊的学习没有了后顾之忧。尽管学费全免，但由于家里实在是穷困，从上海到唐山的路费还是向别人借的。庄俊告别母亲，带着几个烧饼出发去了唐山，没钱住旅馆，途经北京时，晚上便露宿在前门城墙下。艰苦的磨砺锻炼了他的意志，他在学校里刻苦努力，唐山路矿学堂当时只设铁路科和矿科，并无建筑学科。

两年后，庄俊又以优异的成绩考取了清华学校（后改为清华学堂）庚子赔款公费留学第二届预备班。

这里需要解释一下什么是庚子赔款。1900 年，是中国历的庚子年，北京爆发了"庚子之乱"。当时，几十万号称"刀枪不入"的义和团人在清政府的怂恿下，入京围攻各国使馆。8 月，八国联军入侵北京，不久，慈禧太后弃城而逃。1901 年 9 月 7 日，李鸿章被迫与各国签订耻辱的《辛丑条约》，同意向十一国赔偿白银 4.5 亿两，分 39 年付清，本息共计 9.82 亿两白银。这就是历史上有名的"庚子赔款"。1908 年，美国国会通过法案，授权罗斯福总统退还中国"庚子赔款"中超出美方实际损失的部分，用这笔钱帮助中国办学，并资助中国学生赴美留学。双方协议，创办清华学堂，并自 1909 年起，中国每年向美国派遣 100 名留学生。这就是后来庚子赔款留美学生的由来。

1909 年 8 月，在北京举行了第一次庚款留学考试，共630 人参加。初考考了国文、英文和本国史地，通过了 68人。复试分别考了物理、化学、博物、代数、几何、三角、外国历史和外国地理，最后录取 47 人。这 47 人中，包括后来担任清华大学校长的梅贻琦和上海交通大学校长的张廷金。同年 10 月，这 47 人和自费出国留学的富家子弟 3 人共50 人赴美留学。1910 年 8 月，在北京举行了第二次庚款留学考试，由于第二次庚子赔款留学考试举行时，唐山路矿学堂刚刚在唐山复校，首批学生尚未毕业，参加考试的都是正在学习的土木专业的在读生。庄俊考取庚子赔款公费留美并转入清政府"游美学务处"开办的留美预备学校"肄业馆"，1911 年 2 月改称清华学堂。清华学堂是美国以庚子赔款所创建，该校选拔年轻好学、品学兼优者入学，毕业生即可派赴美国留学。考试地点设在北京史家胡同。首场考试为国文和英文，初试的国文试题是《不以规矩不能成方圆》，英文试题为《借外债兴建国内铁路之利弊说》。初试录取后，进入复试，复试 4 天内考了西洋史、植物学、动物学、生理学、数学、物理学、化学和世界地理等科目。共有 400 多人应试，最后录取了 70 人，庄俊就是在这次考试中被录取的。同时被录取的还有赵元任、胡适、竺可桢等人。庄俊和竺可桢原是唐山路矿学堂的同窗，两人自然成了好朋友。被录取后，他们剪下盘在头上的辫子，远渡重洋，踏上了改变各自一生命运的留学之路。他们留美的学校是被誉为"公立常春藤"的美国著名的伊利诺（亦译作伊利诺伊）大学，竺可桢进入伊利诺大学农学系，庄俊进入该校建筑工程系，成为中国第一个到西方学习建筑的留学生。伊利诺大学位于美国伊利诺伊州芝加哥市以南。那里有两个风景优美比邻而居的静谧小城，中间隔着一条莱特街，街东为厄巴纳，街西为香槟，当年的伊利诺大学就坐落于此。

早期美国的建筑工程教育深受以英国为主的欧洲建筑教育影响，学校将学徒式的实践性教育、法国古典学院派的教育理念以及工业革命后产生的新型材料、技术和工法导入美国，19 世纪出现了著名的芝加哥建筑学派。庄俊就读的建筑工程系偏重于土木工程专业的基础训练，加上相当分量的建筑学课程，为他日后从事建筑师职业打下了坚实的基础，并就此确定了庄俊终身从事建筑师职业的方向。庄俊在这个风景优美的大学里学了四年。四年里，庄俊经常是吃两片面包加几粒花生米，喝一杯白开水就算一顿饭。他把节省下来的奖学金每月按时寄给母亲。同时，庄俊还在大学工程处兼职做绘图员以贴补生活。品学兼优的庄俊还担任过伊利诺大学中国学生会副会长、美国中国学生联合工程委员会主席等。1914 年，二十六岁的庄俊从伊利诺大学毕业并获得学士学位，成为近代中国第一位获得建筑工程学学士学位和建筑师资格的人。

参与规划设计清华园四大建筑

庄俊毕业那年，正值清华学堂开始大兴土木，筹建首批校舍楼馆。学校当局立即电召庄俊回国，聘任他为讲师和驻校建筑师。1914 年 10 月，毕业于耶鲁大学的美国建筑师亨利·墨菲负责为学校规划校园，布置留美预备学校和综合大学。从 1916 至 1920 年间，庄俊以中方建筑师的身份协助美国建筑师亨利·墨菲完成清华学堂的规划与设计，并主持图书馆、体育馆、科学馆、大礼堂等清华早期著名的四大建筑的工程设计和监造。

庄俊主持的清华园四大建筑是中国首批按照现代建筑科学技术监造的近代建筑，建筑造型多为青瓦红砖、铜门钢窗，精雕的梁柱和恢宏的穹拱等欧式古典建筑的元素也兼收其中。庄俊的留学背景以及与亨利·墨菲的合作经历，使得西方古典主义元素自然融入他的建筑理念。这批建筑从外到内都极力欧美化，甚至许多建筑材料和内部设备也是欧美的舶来品。科学馆是三层欧式古典建筑风格，暗红砖墙、灰色坡顶，在门额上镌有汉文"科学"和英文"SCIENCE BUILDING"。大礼堂的建筑具有意大利文艺复兴时期的古罗马和古希腊艺术风格，整个建筑下方上圆，罗马风格的穹窿主体，开敞的大跨结构，爱奥尼克柱式门廊尽显庄严雄伟，建成时是国内高校中最大的礼堂。与之相配的图书馆和体育馆也是当时高校中设备最为先进的建筑之一，体育馆外表采用西方古典形式，馆前有陶立克式花岗岩柱廊。这四大建筑和稍早建成的清华学堂、同方部组成了清华早期校园的主要建筑群，为校园中心区建设奠定了欧式的建筑风格，同时为学校发展成为大学奠定了物质基础。这些建筑群，也是 20 世纪初我国首批引进西方建筑科学技术建造的近代建筑，现在已被列为全国重点保护文物。

清华园的校门设计方案是庄俊提出的，施工图设计由美国建筑师亨利·墨菲完善。1921 年庄俊应聘兼任母校唐山交通大学工程师，参与校舍设计工作。他设计了与清华二校门风格相仿但更为宏伟的主门，成为该校地标性建筑，后在1976 年的大地震中倒塌。庄俊同时还参与了天津裕大纱厂、天津扶轮中学及唐山银行大楼的设计工作，并担任外交部顾问建筑师。

1923 年秋，庄俊受清华学校派遣带领百余名学子到美国留学，自己也进入纽约哥伦比亚大学研究生院进修。他在国外一年时间里到欧美各国游学考察，除了古典、折中主义的建筑外，他也接触到了现代主义的早期建筑，从而更加明确了自己今后的职业发展方向。从 1914 年到 1924 年的十年间，国内已逐渐认识到建筑师的学术价值和职业地位，从而启发了后来清华学堂一些学生走上学习建筑学的道路。作为清华建筑系教师，庄俊以他深厚的学识和个人魅力在学生中享有相当高的威望，像梁思成、陈植这些后来闻名于世的建筑学名家，在清华求学时都曾或多或少受到过庄俊的影响。

成立上海租界首个建筑事务所

在国外考察期间，庄俊想到当时的中国建筑界全由洋人把持，即便像自己这样受过正规建筑教育的中国人充其量也只能给外国人当伙计。他决心回国后一定要闯出中国人自己的一片天地，为中华民族争气。

1924年，庄俊由美国回到北京，就在这一年，他辞去了清华的职务，回到阔别多年的家乡上海，第一个在租界开办了由中国人自己经营的建筑事务所——庄俊建筑师事务所，那年他三十六岁。20世纪20年代上海的建筑设计业务基本是外国建筑师的一统天下，而中国建筑师自己开业的事务所中能与外商竞争者寥寥无几，庄俊敢于与外商媲美是因为他有足够的底气。

庄俊成立事务所后的第一个业务项目是负责设计位于江西中路汉口路的上海金城银行大楼。他先后两次在美国学习，熟练地掌握了西方古典建筑技法。金城银行是他回国后第一件设计作品，也是他的代表作，其设计手法之娴熟完全可以与西方一流的学院派建筑师相媲美。银行建筑立面简洁明朗，没有直接采用法国古典主义惯用的柱式构图，而是用壁柱组成凹凸起伏的立面，重点在中央和两端用圆弧窗框装饰。银行入口也一反常规，没有高大的门廊，仅在入口处设置与底层立面水平线一样高的两根塔司干柱子和两根壁柱，在门楣上运用巴洛克涡旋的符号衬托银行行徽。大楼于1928年落成，建成后便成为上海著名的银行大楼之一，也是中国人开设的银行建筑中最为讲究的一座。令人赞叹的是，庄俊设计的这幢建筑作品没有生搬硬套西方古典主义建筑的模式，而是对其内涵领会贯通后的创新，既有古意，又不落俗套。当时《中国建筑》月刊这样评论上海金城银行建筑："开古典派之别面，驾新式派而远上，别具匠心，可为标榜。"这栋建筑的成功使世界相信，中国人也能设计现代化的、有高度建筑艺术含金量的大型建筑。

上海金城银行设计的成功，使庄俊声名鹊起。全国各地的银行家接踵而来，邀请庄俊设计银行大楼。庄俊马不停蹄地设计了济南交通银行、汉口金城银行、汉口大陆银行、南京盐业银行、大连交通银行、青岛交通银行、哈尔滨交通银行、徐州交通银行、上海中南银行等，几乎成了银行建筑师。

1932年，庄俊承接了上海大陆商场的设计。由于商场地基北临南京路，南达九江路，东临山东路，西接又新街，庄俊经实地观察，巧妙地保留了那条弄堂小路，稍加拓宽，使之成为南京路与九江路之间的通道。两端建过街楼，设有十字形通道，使东南北三面直通马路，便于人流疏散，并有效地提高了商场功能。因九江路、山东路路幅较窄，故七、六、五层建成台阶式逐层向内收进，形成阶梯状。面向南京东路的主立面为七层，因长度很长，所以在立面形式上作了一些艺术处理：在窗间墙处，作了垂直线条，且一宽一窄，呈现出艺术性。这些线条均向上冲出屋顶，不但增加了建筑的垂直感，同时也富有韵律和节奏感，这正是装饰艺术派的典型手法。屋顶花园还布置有凉亭、露天舞池等，体现了一种低调的奢华。大陆商场建筑形象趋于简洁，复古装饰被彻底抛弃，立面上采用大量装饰艺术派风格的图案，具有当代先进设计理念，建成后得到业内人士的好评，成为庄俊装饰艺术派建筑的代表作。同期建成的四行储蓄会虹口分会公寓大楼也有类似特征。1935 年，庄俊设计的孙克基妇产科医院（今长宁区妇产科医院）已颇具国际流行的建筑风格特色，此时的庄俊已彻底推崇"能普及而且又实用"的现代建筑了。

20 世纪 20 年代中期到 30 年代中期是庄俊创作的旺盛时期，他的建筑风格逐渐由西方古典主义转向西方折中主义和装饰现代派风格。其主要作品还有中国科学院上海理化试验所、上海交通大学总办公厅和体育馆、上海富民路古柏公寓。此外，他还设计了一批小住宅、小别墅之类的建筑。其作品的气质庄重华贵、古朴典雅、细致精到，十分符合那个年代中产阶级的品位和价值观。

创建成立中国建筑师学会

自庄俊从西洋留学归来后，一大批留洋的中国建筑师也开始进军上海，并将发源于欧洲并影响了整个世界的建筑思想和理念，一并带到了这座当时远东最繁荣的国际都市。他们纷纷在上海开设了自己的建筑师事务所，构成了近代上海中国建筑师的主要群体。其中包括曾任大陆银行建筑师的罗邦杰，负责主持"大上海计划"的主任建筑师董大酉，上海南京大戏院和美琪大戏院的设计师范文照，合伙开办"华盖建筑师事务所"的赵深、陈植、童寯，以银行建筑见长的陆谦受等。中国建筑师的崛起，打破了洋商建筑师垄断国内建筑设计业务的局面。但是，在租界当局的歧视和干扰下，中国建筑师开展业务仍很困难。而且人一多，难免各有各的想法，不利于齐心协力与洋商竞争。针对这种情况，庄俊和一些建筑师于 1927 年发起组织成立了上海建筑师学会，其宗旨为"团结建筑师，交流技术，维护建筑师的合法权利"。庄俊当选为首任会长，"学会"订有"诚约"，内容有：不与同行争夺业务，不准不合理地降低设计公费，不得向任何方面收受额外费用等。这些"诚约"对于增强国内建筑师的团结起到了重要的作用，同时提高了国内建筑师的职业道德观念。

质量是庄俊在工作中追求的最高目标，他对业务来往中的不正之风从一开始就身体力行地坚决抵制。一次，一个营造商送给庄俊一个贵重的皮统子，说是表表心意，但庄俊坚决不肯收。他一边诚恳地将礼物退回，一边语重心长地劝告厂商不可以这样做，因为风气一旦形成，后果不堪设想，这使厂商深受感动。在庄俊的以身作则下，建筑师们都能恪守职业道德，保证了建筑业的风气清廉，避免了可能因此而造成的建筑事故。

庄俊创建的上海建筑师学会在创建第二年改名为中国建筑师学会，并在南京设分会，以后在国内各通商大城市都设有分会。1929 年由蔡元培和刘海粟等人发起，在上海新普育堂举办了"教育部第一次全国美术展览会"。其中的建筑部分是中国近代史上第一次公开的建筑展览，也是第一次由建筑师参与策划的建筑展览会，庄俊设计金城银行大楼是参展的三十四件作品之一。为了开展学术交流，1931 年 11 月中国建筑师学会创刊了《中国建筑》杂志，每月一期，十六开本，印刷精良。杂志刊登有关城市规划和建筑设计的学术论文、建筑师设计作品介绍、外埠建筑情况、国外建筑博览会等。庄俊本人曾在期刊上发表《建筑之式样》一文，对西方现代建筑影响下产生的建筑理论进行探讨。这本 20 世纪中国建筑界的第一代纸质媒体创办近六年，有效地扩大了建筑师的视野，直至 1937 年抗日战争爆发前才被迫停刊。

自 1927 年中国建筑师学会成立以来，庄俊多次获选连任会长和董事，为学会的发展付出了不懈的努力。1933 年，庄俊代表中国建筑师学会与沪江大学商学院商议，创立一个以招收在建筑事务所中工作的在职人员为主，以培养能独立工作的建筑师为目的的建筑系。沪江大学建筑系于 1934 年开始招生，庄俊是授课教师之一。这个上海最早的正规建筑学教育将建筑的实用、技术、经济作为教育的最重要部分，从 1934 年到 1946 年，先后共有十余届三百余人毕业，培养了许多颇有成就的著名建筑师。

1942 年，太平洋战争爆发，日本侵略军占领上海租界。一些陷身于沦陷区的知识分子坚持民族气节，选择暂时隐退。庄俊此时亦拒绝与日本人和汪伪政府打交道。他说："我宁可节衣缩食，决不同敌伪合污。"于是他暂停了建筑师事务所的业务，转而在大同大学和沪江大学夜校担任教学工作。1949 年淮海战役结束后，先后有两位亲友邀请庄俊夫妇随他们迁往香港或台湾，但都被他婉言辞谢。

参与筹划首都十大建筑的设计

1949 年 10 月，新中国成立。中央专程派人来到上海庄俊的建筑事务所，邀请他去北京参加建设新首都的工作。他毅然结束了苦心经营二十五年之久的事务所，联合了一批建筑技术人员共五十余人开赴北京。到北京后，庄俊被国务院委任为新中国第一个建筑单位——交通部华北建筑工程公司总工程师，当时他已过花甲之年。抵达北京后，亲自接见他们的周总理紧紧握住庄俊的手勉励他："为社会主义好好干!"当时，国务院（那时叫政务院）配给庄俊轿车的车牌号是"京—00001"，每次庄俊的车一停，就会有许多人上来围观，原来大家还以为这是周总理的车呢！在北京，当时的政务院副总理、中国科学院院长郭沫若也成为庄俊的好友，经常邀他共进午餐，商谈工作。

1953年初，中央成立建筑工程部，庄俊所在公司改组为中央建筑设计院（即后来的北京工业建筑设计院），庄俊仍担任总工程师。1958年9月，中华人民共和国中央人民政府为了迎接建国十周年庆典，决定在首都建造十项工程，这就是被人们习惯称为"国庆十大工程"的"十大建筑"。这十大建筑包括人民大会堂、中国革命历史博物馆、中国人民革命军事博物馆、全国农业展览馆、北京火车站、北京工人体育场、民族文化宫、民族饭店、钓鱼台国宾馆和华侨大厦。庄俊参与了这十大建筑的筹划和设计工作。在北京工作期间，庄俊曾被选为北京市第三、第四届人民代表大会代表。

在上海荣获建筑泰斗盛誉

庄俊七十岁时回到上海，担任华东工业建筑设计院总工程师。当时负责设计建造中苏友好大厦（今上海展览中心）的苏联专家多次慕名登门向他请教。在上海，庄俊历任上海市徐汇区第二、三、四、五、六届人民代表大会代表，上海市第五届政协委员。庄俊在担任华东工业建筑设计院总工程师期间因年事已高，便不去单位坐班。他在长期从事建筑设计实践中，深切体会到有必要编一本建筑工程的英汉辞典，供建筑从业人员使用。庄俊英语素有根底，在工作期间已经为辞典的编纂搜集了不少资料。现在有时间了，他便在家里潜心编纂《英汉建筑工程名词》一书。这本积他毕生经验的辞典耗费了他整整四年的心血，始告完成。出版后，一时洛阳纸贵，一再重印。

1985年9月22日下午，二百多名建筑师欢聚上海衡山宾馆，庆祝著名建筑师庄俊、陈植分别从事设计、教学工作七十周年和五十六周年。会上，倪天增副市长向两位老人颁发了国家城乡建设环境保护部授予的荣誉证书，上海市建筑学会赠送给庄俊一枚镌刻"建筑泰斗"的印章。他是我国迄今为止唯一获此殊荣的建筑学专家。1988年，是庄俊的百岁寿辰。上海欧美同学会为他举行了百岁寿庆活动。美国伊利诺大学建筑学院院长麦肯奇教授偕同夫人，特地来沪向他祝寿，并授予荣誉证书。仪式在同济大学文远楼二楼会议室举行，已届百岁的庄老，未能到会。美国院长致辞，祝庄老向人生的第二个百年迈步，由庄俊先生的儿子庄涛声先生接状并致答词。

庄俊先生一百〇二岁仙逝。他一生忠厚正直，朴实谦逊，治学严谨，恪守职业道德，有着良好的口碑和声誉。那天，在庄老的追悼会上，那位当年曾送皮统子而被庄俊拒收的营造商，说自己恰好从香港来到上海，就直接从码头驱车赶来见庄俊先生最后一面，以表达自己的崇敬之情。在现场，那位营造商回忆往事，刻骨铭心，当场表示捐赠十万美元，为建造一座"庄俊纪念馆"提供基金，用以宣扬他的一生成就。

从庄俊先生不同凡俗的一生中，我深深感受到他作为一名杰出建筑师的幸福，他所创造的作品要比自己长寿，同时，这些建筑作品记载着一个时代的往事和一种文明的永恒，是建筑师留给后人的宝贵的精神财富。

"The Cloister Apartments" 译名考

薛理勇

徐汇区湖南路街道办事处所在地——复兴西路 62 号，该处建筑原英文名为 The Cloister Apartments。实际上，旧上海有不少公寓的全部或主要租赁者是侨民，所以，这些公寓一般都以英文命名，而不见得有对应的中文名称。Cloister 最通常的中文翻译是"修道院"，于是，新中国成立以后人们参照 Cloister 的常用翻译称该建筑为"修道院公寓"。但从历史资料来看，该公寓与教会没有关系，与修道院也没有瓜葛，更没有修士或修女居住在这里，所谓的"修道院公寓"只是可供公共出租的寓所。反观公寓英文名称中的 Cloister，它翻译成中文还有一种意义，即"隐居"或"有回廊的建筑"。我想，The Cloister Apartments 本义应该是指远离城市喧闹的、安静的、适宜居住的公寓，也许，将其译为"居士公寓"或"世外桃园"更合适。

我没能查到该公寓的投资或建设方的资料，不过，近日读到了关于该公寓主人的文章，文中说："上海市徐汇区复兴西路 62 号坐落着一所名为修道院公寓的建筑。顾名思义，人们常会误解它与修道院有什么联系。事实并非如此，这处白色楼房的中文名虽有'修道院'三字，实际上却是一所

复兴西路62号（贺平　摄）

私宅。它是20世纪30年代英国商人密丰绒线厂厂主自建的私人宅第。解放后，它由人民政府接管使用，并于1989年9月25日被公布为上海市文物保护单位。"

　　这段文字至少有两处不当：首先，该公寓的英文名为The Cloister Apartment，对应的中文名不见得就是"修道院公寓"，对英文一知半解者先把Cloister译成"修道院"，再反复讲这个"修道院公寓"与修道院无关，显然是自相矛盾的；其次，该住宅既称"公寓"，就应该从公寓着手，而不该在没有任何根据的情况下，一口咬定是英商密丰绒线厂厂主的私宅。

　　还是先从英商密丰绒线厂（Patons & Baldwins, Ld.）讲起吧。该公司创办于1785年，本部在英国伦敦，另外往英格兰、苏格兰、澳大利亚、新西兰、南非等国家和地区设分公司和生产厂。中国是农业大国，羊毛产量不高，品质也较差，且产地又集中在最北方，因而，近代以后，中国的羊毛及制品主要依赖进口。约 1924 年，密丰绒线厂才在上海的北京路设立分公司，经营该厂自产绒线进口。绒线实际上只是半成品，可以提供给毛纺厂作为原料生产呢绒，也可以提供给家庭自织绒线衫、围巾等。据记载，该公司进上海后就组织家庭妇女上结绒线班，继而又在许多女校的家政课中推广结绒线，还举办多种形式的编织比赛和各种编织活动。结果，上海的妇女大多爱上了结绒线，因手工结的绒线价廉又物美，绒线的销售由此与日俱增。约 1932 年，该公司又在沪东鄱阳路（今波阳路）400 号建厂，1934 年投产，最初以该厂的英文名"Patons & Baldwins"谐音取厂名为"博德运绒线厂"，生产"蜜蜂牌""蜂房牌"绒线，旋即又依据商品名"蜜蜂牌"而改厂名为"密丰绒线厂"。实际上，"蜜蜂"一词在汉语中仅用于昆虫名称；在英文中蜜蜂为"honey"，但在美国英语中，"honey wagon"又指垃圾车，上海的侨民或"洋泾浜语"又把上海最常见的运粪便的"马桶车"叫做"蜜蜂车"，于是该厂才把"蜜蜂"异写作"密丰"，也寓意着该厂生产的绒缜密而丰软。

密丰绒线厂在沪东杨树浦底，远离市区，但厂区面积很大，所以在建厂的同时，又在厂区内建造了十余幢独立的洋房，提供给工厂管理层和工程技术人员使用。1959 年该厂由政府收购，改称国营上海茂毛纺厂，1966 年改称国营上海第十七毛纺厂，简称"十七毛"。如今密丰绒线厂已改制，厂房大多被拆，但该厂当年建的洋房大多还在。

密丰绒线厂是 1934 年投产的，在一份 1937 年的工厂资料登记中，该公司及厂的主要负责人是 W. A. kearton 和 J. S. kenyon。登记资料中还可以找到这两位负责人在上海的住所，

廠 線 絨 豐 密

Mi-feng-jung-hsien-ch'ang

Patons & Baldwins, Ld.

(Alloa, Scotland, and
Halifax, England)

*Woollen and Worsted Yarn
Spinners*

Head Office and Factory:
"B.B." Mills, 400 Poyang-rd
Tel 52320 TA Beehive
PO Box 1524

Kearton, W. A., gen. mgr.
Kenyon, J. S., asst. mgr.
Sifton, J. E. A.C.A., acct.
Harvey, A. E.
Denham, L.
Baptiste, H. F.
Dixon, L. R.
Holmes, O. R.
Walter, Mrs. M.
Rose, Miss R.
Oates, R. T., tech. mgr.
Booth, J. C., engr.
Sutcliffe, E., head dyer
Lewis, A. N., asst. dyer.
Batty, R.
Bolton, F.
Bond, A.
Burnett, S.
Cartridge, K.
Claxton, E. W.
Croft, E. R.
Denison, S.
Dickinson, L.
Hanson, E. J. D.
Rolls, G. A.
Sykes, W.
Wakelin, J. T.
Whitaker, F.

Local Sales office:
509 Glen Line Bldg,
2 Peking-rd
Tel 17841 and 14318

Creasy, E. B. S.
Dong, H. H.

密丰绒线厂高层职员名录

W. A. kearton 的住宅为"308 Rte Culty",就是"法租界居尔典路(湖南路)308 号",而 J. S. kenyon 的住宅为"1765 Av Joffre",即"霞飞路(淮海中路)1765 号"。毫无疑问,所谓的"修道院公寓"与密丰绒线厂没有任何关系。文化可以演义或演绎,但历史应该追求真实。如当作故事,你可以胡天野地地瞎三话四;但作为历史,人们还是要依靠史料去认真地考证,不要以为历史是"死无对证"的事而胡说八道。

在一份 1937 年的英文版《上海名录》中登记了白赛仲路(今复兴西路)62 号 The Cloister Apartment 的住户名单,我也找到了他们的就职单位和职务,不妨介绍如下:W. J. Gulliver 是 Commercial Union Assurance Co., Ltd(老公茂康记保险公司)事故处理处首席;A. H. Goude 是 W. J. Gulliver 的下属和同事;H. E. Jackson 是 C. M. Customs(中国海关)的部门经理;Mrs T. Sands 任职于 Kiangnan Dock & Engineering Words(江南造船厂);Mr & Mrs Chester Fritz 是经营中国政府外币债务及地方债券的美商新丰洋行(Swan, Culbertson & Fritz)的大股东;Mr & Mrs W. A. Adams 是以经营汽车进出口为主的龙和洋行(William A. Adams)的老板;P. E. Smith 是英商天祥洋行(Dodwell & Co.)的部门负责人;Miss E. Coutts 的任职单位是 Mine Garnetl(中文名不详)。登记的住户中没有一位与密丰绒线厂有关,也足以证明,所谓的"修道院公寓"确实不可能是密丰绒线厂厂主的私宅,而是许多人一起住的公寓。从住户的工作和经济情况来看,"修道院公寓"在上海也是比较上档次的公寓。

旧上海的房地产业根据其经营范围一般分作地产、打样(建筑设计、测绘等)、营造、经租几大部类,规模大的公司同时承办建筑设计、土木及测绘，同时也设"地产部"经营地产、房地产代理经租及保险代理等业务。公和洋行（Palmer & Turner，香港称之"怕马·丹拿"或"怕马及丹拿公司"）是上海最著名、规模最大的建筑工程师行，在上海有许多作品，例如外滩的汇丰大楼、海关大楼；而所谓的"修道院公寓"的经租就是公和洋行代理的。通常情况下，公和洋行设计的许多公寓往往就请他们代理经租。实际上，公和洋行也在上海投资建设了一些楼盘或公寓。我想，"修道院公寓"也许就是公和洋行的产业，或者是由公和洋行设计的。

"修道院公寓"约建于1932年或更早时，位于今复兴西路与永福路东北转角，占地面积约1 800平方米，西班牙式建筑风格。该公寓为砖木结构低层公寓，分南北两幢，中间有廊相连，前幢为二层，后幢为三层。每幢的每层设计为两个居住单元，房型则分三室、四室、五室等多种户型，可供不同需求者租赁。正门开在复兴西路62号，永福路开有边门，汽车可以从这里进出，设有汽车间和面积不大的庭院。这里远离闹市，地方僻静，最后再重申一次，"The Cloister Apartment"不宜译作"修道院公寓"，如译作"居士公寓"或"世外桃园"，也许更有趣、更正确一点。

良友公寓是谁设计的

钱宗灏

　　良友公寓的地址是今复兴西路 91 号和 93 号，由于正好地处路口，所以依道路地形布置，平面略呈 A 字形，它的南侧楼体已是在永福路上了，而且这一侧长达 34.22 米，要比复兴西路上的那一侧 24.01 米更长一些。永福路旧称古神父路（Route Pere Huc），辟筑于 1930 年，北起五原路，南至湖南路，全长才 495 米，1943 年改为永福路。沿路有德国领事馆，北段原英国领事馆现已改为高档私人会所雍福会。

　　资料记载，良友公寓 1936 年竣工，占地面积 520 平方米，建筑面积 2 452 平方米，六层砖混结构，晚期装饰艺术派风格。建筑立面强调横向构图，以不同的材质对比为装饰语汇，底层红色釉面砖墙，二层以上皆褐色烧结砖墙面，楼层间以白色水泥墙突出横向线条；端部以六根凸出的平行竖线形成构图中心。两侧共有三个出入口，两个在复兴西路上，一个在永福路上。每层楼面共有六套面积大小不等的公寓，现仍为民居。

　　2019 年 2 月 19 日腾讯《天天快报》《外滩以西》栏目在线发表了一篇文章，披露了过养默女儿、已经九十多岁的过舜英老太太回忆父亲的一些往事，其中涉及了良友公寓的一些故事："过舜英说她家对面的良友公寓是荣家财产，荣鸿元的，良友公寓的经租业务全部是由过养默独家代理，一是过养默是荣鸿元至交，都是无锡大户人家出身；二是过养默自宅就在良友公寓马路对面，不交给他交给谁。"过舜英在这里提到的荣鸿元就是荣宗敬的儿子、荣氏家族的重要成员、时任国家副主席荣毅仁的堂兄。说良友公寓曾经是他家的产业，可信。过舜英老太太还说："但更大胆推测是良友公寓的设计者和营造商也是过养默先生。"

过养默（1895—1975），近代中国的第一代华人建筑师。留美学土木工程出身，1919 年麻省理工学院毕业，获硕士学位，回国后在上海创办东南建筑公司。他留在上海最著名的作品恐怕就是香港路 59 号的原银行公会大楼了。那是标准的学院派建筑，教科书式的科林斯柱廊做得极为准确，柱身上的凹槽和柱头上的忍冬叶、花板等都刻画得非常到位，整个上海恐怕找不出比这更标准的科林斯柱式了。这幢楼在改革开放初期也十分著名，是由一批原工商业者出资成立的爱建公司所在地。

过养默固然是一位多产建筑师，但是过舜英老太太也只是"大胆推测"，没有举出过硬的证据证明良友公寓是她父亲的作品。另据《梧桐树下的老房子》一书主编朱志荣先生回忆，1991 年良友公寓曾加建过楼层，当时应该是有原始设计图为依据的，否则在基础不明、结构不清楚的情况下，房管部门是不敢贸然加建楼层的。朱先生还告诉了我一条信息：那些图纸现今应该保存在徐汇区档案馆了，如能查到，图纸上就有原设计师的签名。但我知道档案都是"一入侯门深似海"的，查阅谈何容易？还是腿勤手勤点儿，运用考古人类学的田野调查办法，说不定能够收获些有价值的发现。于是趁着星期天开车到附近，找了处停车场，再解锁一辆摩拜单车边骑边看，走走停停。确实，细加识别是能看出良友公寓的上面两层是后加的，不过施工做得不错，加建后并没有破坏建筑的整体比例，也没有暴露出新与旧之间的混乱，相反其"可识别"的原则倒是十分符合保护建筑修缮要求的。印象至深的是建筑的西立面，设计及施工的难度很高，网上说它内部的钻石型楼梯现在是摄影爱好者打卡的必到地。正巧有居民出入，他们看我不像坏人，也同意我进去实地打了一回卡，果然不是徒有虚名。

重新回到安安静静的永福路上，突然我觉得这幢公寓有点眼熟，再想想，想起了它同衡山路上的集雅公寓十分相像，一样的表现手法：中间六道通贯楼体的直线，且都是沿街往两侧延展，只不过集雅公寓的楼体是横向延展，良友公寓是向后侧两翼延展；已知集雅公寓是范文照的作品，良友公寓会不会也是他的作品呢？两栋建筑距离不远，直线才约1公里；良友公寓在先，1936年建造，集雅公寓在后，1942年建造；过养默和范文照有着相同的教育背景和从业背景，且都是在上海开业的知名建筑师，不可能一人抄袭另一人吧？范文照住在永福路2号，过养默的家是永福路127号。几步路就到了，虽然生意场上有竞争关系，但社交生活中都是朋友、同道，所以我觉得两栋建筑出自同一位建筑师之手似乎更合情理。

不过和过舜英说的一样，这也只是推测而不是结论，仅有一点我可以肯定，良友公寓不是外国建筑师设计的，因为在现场我读出了它的设计理念中包含了中国人的风水观。在

良友公寓钻石型楼梯（贺平　摄）

徐汇的同一区域里有不少这样的小型公寓，融会贯通一下不难发现外国建筑师的处理往往更注重建筑的整体形象，他们喜欢将主出入口安排在道路交叉口的中间点，认为这样做很气派，像麦琪公寓、白赛仲公寓那样，而良友公寓将三个出入口都刻意安排到了建筑侧面的临街，而将正对着复兴西路和永福路街角的那一面封闭起来，再画上六道凸出的垂直线，出楼顶女墙才收头，目的就是为了将街上迎面而来的煞气引往天空嘛！窗户倒是没有关系的，因为窗子是用玻璃做的，国人相信有反射作用，不知读者诸公认为如何？

再回到文章开头提到的一个细节，即良友公寓南侧的楼体要比北侧长约十米。我们知道建筑平面如果不对称的话，会给设计和施工增加难度，现代公寓都是按模数来配置的，不规则的平面会给设置模数带来困难，意味着只能专门画单独的设计图了。可是良友公寓这么做的原因是什么呢？现场考察看不出端倪，好在后来我找到一幅旧时的地籍图才明白了原因。原来当时荣家为建造良友公寓购进的这处基地分属三位业主，地籍号分别是 12692B、12699 和 12704A。后面还有一块 12703A 的地产，人家不肯卖，所以只好造成不规则的楼房，真难为建筑师了，这是对他智慧的一种挑战。不过建筑师设计得很出彩，西侧的钻石楼梯便是明证。现在的建筑师是不大可能遇见这种难题的。

有文章说良友公寓曾经住过一些名人，譬如著名外国文学翻译家罗稷南、上海电影厂厂长张骏祥、驾机投奔祖国的飞行元老（可能指 1949 年的"两航起义"人士）、纺织界科学院士、电影《白求恩》主演美国人谭宁邦等。我未及一一调查取证，仅专此附上，立此存照。2015 年 8 月 17 日，上海市人民政府公布良友公寓为上海市优秀历史建筑。

庭院深深深几许：复兴西路 140 号的那些事

何成钢

　　复兴西路近武康路街角的东北侧，有一片林木森森的花园群落，深藏着两幢大别墅。其中靠右侧的那幢，清水红墙环抱，当中的两扇绿颜色的铁门常年紧闭，给人一种"庭院深深深几许"般侯门深院的感觉，这里就是神秘的复兴西路140号。一踏进宽阔的宅院，只见占地三亩的花园林木葱茏，从大门至宅邸长约50米的甬道右侧，有一泓池水，左侧近宅子处，有一株二级保护的百年五针松煞是惹眼。寂静的院落内鸟儿啁啾，偶尔有几只小猫小狗在屋里屋外来回穿梭，平添了几分热闹。

　　据第三次文物普查资料记载，花园深处的这幢西宅，建于1935年，占地面积1 750平方米，建筑面积700平方米。砖混结构两层。平面长方形，一层一侧突出半六角形，红色砖贴面，二层有露台。红瓦陡坡顶，有烟囱突出屋面。浅黄色水泥拉毛墙面，红砖窗套，绿色钢窗。底楼内廊宽大，房间敞亮，上二楼的雕花木扶梯保存完好。砖砌大型烟囱、壁炉、门、窗等的设计装饰，讲究艺术品位，用材十分考究，颇具欧陆建筑设计风格。

　　据称，这里最早做过犹太人仓库，后由比利时人买下建

雕花木扶梯（贺平　摄）

花木掩映下的窗（贺平　摄）

造了这栋别墅。民国政府关务署署长张福运和晚清重臣李鸿章侄孙女李国秦夫妇后来买下了这栋建筑。现为已故上海警备区司令员王景昆夫人谭敏贞居住。安坐在旧藤椅上的老太太，慈眉善目，虽已九秩高龄，但身体尚硬朗，每天还坚持看《解放日报》和《参考消息》，只是略微耳背，家人需要靠近她的耳根大声说话才行。2017 年 4 月 27 日，徐汇区文化局将该处房产列为徐汇区文物保护点。

据张福运回忆录记载，他在 1927 年至 1932 年和 1945 年至 1949 年，十一年先后两次出任财政部关务署署长。这处宅地应该是他在 1924 年结婚后十年，首次从关务署离职以后入住的。他们夫妇另在天津常德道 2 号也置有占地六亩的豪宅，新中国成立后成为天津市委第二招待所。据介绍，20 世纪 60 年代初，这里曾经一度作为印度驻沪总领事官邸，后居住过前任上海警备区政委李宝奇一家，市委书记陈丕显也曾在此短暂住过。

打破"国中之国"的藩篱

众所周知，1842 年中英《江宁条约》签署后，中国从此失去了关税自主权。1853 年，太平军占领上海，位于上海的江海关被迫关闭。一个由英、法、美三国领事组成的三人税务管理委员会开始负责征收关税，此后，海关总税务司这一机构也应运而生。但事实上，从 1859 年英国人李泰国被任命为中国海关总税务司起，直到国民政府成立，中国海关一直为洋人所掌控，而且跟一个名字密切相关，那就是赫德。赫德是任期最长的一任海关总税务司，1863 年到任，直至 1908 年离任，前后达四十余年。其外甥梅乐和，1929

年被国民政府任命为总税务司。梅乐和的任职是由张福运推荐的，相互之间有着默契的合作，这与他的前任代理总税务司易纨士百般抵制关务署领导的做派适成对照。赫德是个明白人，他曾经说过，我们始终不要忘记，洋人控制海关的局面终会结束。我们在中国是要与当地的权力部门合作，而不是无视其存在，甚至谋求篡位。受其影响，梅乐和也认为，"我们根本无法质疑中国的民族独立运动情绪，更不用说阻止它了"。他接受了舅舅的忠告，最终取得了成功，而易纨士则不听忠告，自比中国的"太上财政总长"，始终没有脱掉"代理"二字，最后还落得被迫辞职的下场。

多年以来，中国海关总税务司一职及所有海关高级行政管理职务一直清一色地由外国人担任。中国海关成了一个游离于中国政府之外的"国中之国"。但中国政府的大部分收入都依赖于海关所提供的关税，因此国民政府当权后不敢轻易打破海关的正常运行，以免影响关税收入。收回海关权益的重任，落在了宋子文领导下的财政部关务署署长兼国定税则委员会委员长张福运身上。张福运是中国在哈佛留学读法律的第一人，宋子文是他的同窗。宋子文推荐了他出任这一重要职务。在有关中国海关史的书籍中，对张福运鲜有提及，然而，这位首任中国关务署署长对中国恢复海关关税自主、重建海关管理工作所做出的贡献却是不可磨灭的。

1927 年 1 月 31 日，北洋政府解聘了赫德的继任者安格联海关总税务司一职。张福运要想对中国海关进行改革，首先必须选择一位合适的总税务司。这个人要能理解中国人民恢复海关主权的渴望及改革的热情；不为外国势力所左右；必须与关务署通力合作，执行其各项改革措施；还必须无条件执行政府的命令。围绕新海关总税务司任命一事，易纨士和梅乐和之间展开了明争暗斗。张福运发现，他对"合适人选"的期待与梅乐和所表达的观点基本一致。张福运召集了一个海关改革五人委员会，制订了海关的"大宪章"。他还将海关税务学堂升格成为一所四年制的大学，将中国职员送到国外深造，其佼佼者最终可晋升至海关关长。第一位中国海关关长 FAN TU 即为这一深造计划的受益者。他还废除了总税务司对海关关余的绝对处置权，要求每一个关长都要递交年度预算报告，税入不再存进汇丰银行，而是置于国民政府的中央银行。海关于是重回祖国母亲的怀抱。1927 年，海关里还有大约 14% 的洋员，而当 1948 年张福运再次担任关务署署长的末期，洋员仅占总职员的 2%。

中国于 1842 年与英国签订《南京条约》，同意对进口商品仅征收 5% 的进口税，从而开了一个国家不是依照主权，而是根据条约规定来征收关税的先河。由于货物的价值随着时间的延续而上涨，对这些货物征收的关税就变得越来越低于货物实际价值的 5%。身为国定税则委员会委员长的张福运，首先提出海关税则、进口关税则及进口关税制度制定的问题，推进关务署成功地调整了关税税率。这一税率早在 1922 年华盛顿会议就已经提出，其后在 1925 年北京的关税税率专门会议上再次达成一致，但始终未获批准。1930 年中叶，张福运成功地完成了与日本之外其他列强的谈判，并就不超过 12.5% 的新关税税率、七级关税制度等问题达成共识。最后，他提出给难缠的日本一个三年缓冲期的方案，终于在 1933 年重拾关税自主。原有的由非海关部门征收的二五附加税也并入了新关税，这样所有的关税就全部由海关征收。张福运的成功源于内心深处始终存有这样的信念："帝国主义是不公道的，因此注定不能持久。"

见证重大历史事件

　　张福运的一生，见证了诸多影响中国命运的人与事。

　　1922年2月，作为中国代表团的秘书，张福运在参加了华盛顿海军裁军会议后回国，在洛阳受到了吴佩孚的热情款待。吴佩孚重开已解散的中国两院制国会，恢复黎元洪的合法总统身份，以统一中国的宏伟设想，令张福运很感兴趣。吴佩孚曾受过中国传统式教育，并考中秀才。在张福运眼里，他是一个廉洁、开明的将军。他来自山东省蓬莱，与张福运的家乡福山（即烟台）同属一个地区。"直系"的领袖是曹锟，但主管战事的将军和真正的灵魂人物是吴佩孚。张福运从来不是一个革命者。北伐后期的一天晚上，宋子文对他说，有一股巨大的压力要求他表态究竟是和国民党还是共产党站在一起。在张福运看来，后者正占据着上风。于是他告诉宋子文，如果宋子文选择支持共产党，他将在明天就离职。同样，张福运也不曾加入国民党或者其他党派。

　　孙中山是一位著名的革命党人，张福运很想有机会瞻仰他的风采。于是，他请求宋子文转告拜访孙中山的愿望，终于在法租界莫利爱路29号的府第见到了孙中山。孙劝他不应该做一个官僚，而应该参加革命。这并未打动他，因为张福运认为，无论孙中山的革命原则如何好，他既没有组织大选以得到广泛支持，也没有军队作后盾。但他又觉得，如果孙中山的政治领导地位能够与吴佩孚的军事力量联为一体，那么中国最终可能在一个立宪政府之下实现统一。宋子文把他的这一想法转告了孙中山，并安排了两人的见面时间。令他诧异的是，后来他们的会面取消了。当时苏联在国际上相当孤立，因此把目光投向遭受外国资本主义蹂躏的中国来寻求支持。在北方，与吴佩孚控制的北京政府建立外交关系，试图解决两国间悬而未决的中东路和蒙古问题；如果北方受挫，就帮助孙中山的南方革命政府，以实现以孙压吴、以南压北。不久，孙中山与苏联代表、苏联驻中国大使越飞的共同宣言发表。尽管它宣称"社会主义"并不适合中国，但随后苏联同意向中国提供军事和政治援助，而孙中山接受了这些援助，并同意与中国共产党合作，中共党员亦可同时成为国民党党员。可见，当孙中山打算约见张福运时，他至少还准备探求与吴佩孚合作的可能性。而当他取消会面时，协议业已达成。这件事只能由历史学家去考证，到底在多大程度上影响了中国历史的走向。

　　1943 年，张福运辗转到了华盛顿，给处理对华租借物资的"中国国防供应公司"主席宋子文帮忙。孔祥熙给宋子文发电报请求留下他担任关务署署长，但得到了否定的回答。宋子文让张福运以特别助理的头衔作为他的副手参与具体工作。著名学者胡适当时是华盛顿大使，后由魏道明（1970 年任台湾外交部长）接任了。张福运问宋子文为何让魏接替胡，这个变动在他看来是极不明智的，因为胡适是知名人士，并且作为中国的代言人不可或缺。宋子文以胡适总是不在华盛顿且联系不上来搪塞。同年稍后，宋子文返回重庆议事。张福运被授权接替他处理事情并签署意见。后听说宋子文与蒋介石因史迪威将军而发生争执，就不再担任中国国防供应公司的主席了。张福运代宋子文将公司事务移交给了继任者魏道明。因无事可做，张福运便于 1944 年秋进入哈佛公共行政管理学院学习，师从汉森教授学习凯恩斯经济学，后被哈佛学院任命为驻校顾问。

1945 年宋子文又出任行政院长，并任联合国大会中国代表团的团长。张福运成为代表团的一员，并在法律和经济委员会中任中国代表。会议结束前，宋子文接到蒋介石命令，要前往莫斯科，就斯大林、罗斯福和丘吉尔达成的"雅尔塔协定"与斯大林谈判。6 月 6 日，他让张福运同行。在华盛顿时，宋子文曾给他看过两页标有"绝密"字样的打印文件。内含雅尔塔协定，有承认苏联在满洲的"特殊权益"、外蒙古的现状以及中东铁路为中俄联合所有等内容。根据中华民国宪法，外蒙古是中国不可分割的一部分，中国从未承认其独立。至于中东铁路，苏联已将其卖给了日本。张福运见后愤愤不平，但迫于个人权限也只能徒叹奈何。

6 月下旬，宋子文与张福运抵达莫斯科。最困难的问题是斯大林要求中国承认外蒙古是一个独立国家。中国致函美国总统杜鲁门，请求对斯大林要求中国承认外蒙古为独立国家一事施加压力。没想到，美国政府只对中国执行雅尔塔协定感兴趣，此外的任何事情均认为是中国自己的事务，不便表态。这表明了杜鲁门的乖戾和不负责任，归根结底，雅尔塔协定是罗斯福背着中国同意的。宋子文以一种保存脸面的方式接受了斯大林的要求，即如果在中国代表的监督下实行的全民公决决定支持外蒙古独立，中国政府就予以承认。在这件事情上，蒋介石卑躬屈膝地任人摆布。在张福运看来，只要他再多等上几日，日本就会投降，苏联也就没有必要卷入战争了，因为当原子弹在日本上空爆炸时，他们正在飞往莫斯科的途中。

儒士的操守与失节

李国秦性格豪爽，快人快语，办事麻利，说一不二，遇事很有主见，除了婚姻必须由父亲做主外，其他一切事情均自己说了算。她很好学，求上进，对父亲不让她读完中学深以为憾。于是，她在家经常读书，勤于补课，还跟人学写字、学画国画，每周有好几次请老师来家授课。她的一手毛笔字很漂亮，求字者络绎不绝。当年张福运因海关工作需要，常携夫人出席各种聚会，李国秦总是打扮入时，用英语跟那些洋太太周旋，与丈夫的风度相得益彰。很多人都喜欢往张家跑，这样一来复兴西路140号那三亩多地，显得不够宽敞了。

在往来朋友中，有一家人住在离张家不远的范园，主人叶铭斋是日本正金银行的第一任买办，家中钱财无数。据说，叶铭斋的儿子叶承铭喜欢收藏古董，他家佣人压咸菜缸时，一时找不到干净的石头，顺手拿了门边一块石头。后来才发现，这石头竟是一块清朝皇帝的印玺。叶承铭的大太太生了两个儿子，继室是上海滩一号汽车的主人、房地产大王周湘云的侄女周云玲。叶承铭的女儿长得聪明伶俐，喜欢画画，很能讨得李国秦的欢心。从复兴西路武康路口西行，在华山路丁字路口左拐，过曹家堰路、兴国路、江苏路就是范园，走动十分方便。小姑娘有时在张家玩得晚了，李国秦就留她住在家里，收为义女。

意想不到的事情发生了。张福运虽说是美国留学生，性情耿直，但总是自比"儒生"，素来崇尚儒家风范，传统的"不孝有三，无后为大"的观念还很重，总觉得自己没有孩子，在人前脸上无光。日子久了，竟和妻子的干女儿怀上了孩子，张福运将她安排到老家山东福山去生养。李国秦知道后非但不承认既定事实，反而直截了当地宣布离婚！张福运并不想离婚，他不过是想孩子想得发疯而已。他对李国秦说："我离了婚生活没问题，而你怎么办？你今后靠什么生活？"而李国秦说："我离开了你，照样能活下去。"最终他们还是协议离婚了。天津的房子归张福运，上海的房子归李国秦。可是事后张福运还是放心不下她，把天津的房子也划在了李国秦的名下，时间在 1947 年。

1949 年 1 月李宗仁上台当总统后，宋子文辞职，张福运也随之辞职了。后来宋子文要他一起去美国，他不去，那时中共地下党组织也在争取他。海关里有很多地下工作者，联系张福运的是原先在中央银行经济研究所的中共地下党员骥朝鼎。骥朝鼎把他介绍到北京中国银行经济研究所工作，他工作一段时间后无法适应，最后还是去美国了。

叶承铭的女儿后来嫁给了张福运。张福运活到九十五岁，无疾而终，据说是坐在一个沙发椅子上，永久地睡过去了。张福运的那个孩子，就是后来大名鼎鼎的张之香，毕业于美国加州大学，获哈佛硕士学位，1981 年被里根任命为国际开发署助理署长，1989 年被布什任命为驻尼泊尔大使，为美国首位华裔大使。1998 年以张福运的名义创立美中教育基金会，任主席。被聘为北京大学、复旦大学特邀研究员。

张福运喜欢用正气为先的"文人"一词来描绘其一生。他从不迷信权力，更没想过当大官。在他看来，学识比什么都重要。他向往知识，喜欢读书，笃信"富贵不能淫，威武不能屈"的古训。性格决定命运，而他的性格就是要做义事，他在中国海关变革和赢得关税自主方面居功至伟。

从名门闺秀到金刚上师

李鸿章的哥哥李瀚章有十个女儿，还有十个孙女。十个孙女大多生活在上海，每个人都有一番不同凡响的经历。所以，有人说："李家孙女十姐妹，个个都是一本书。"十姐妹中有一位出名的百岁老人，她就是李瀚章的第七个儿子的大女儿李国秦。

李国秦的父亲李经沣，是晚清时的国学生，曾在陕西当县太爷，所以给两个女儿取的名字都与陕西有关，大的叫国秦，小的叫国邠。民国时办过税务，还当过扬子盐栈的栈长。他前后有过两位夫人，李国秦、李国邠的生母是杭州城里有名的美人、富商吴家的小姐吴静宜。

李瀚章曾任浙江巡抚，李经沣一家在辛亥革命之前便到了上海。那时在上海的李家人主要集中在虹口和跑马厅附近。李经沣虽说身处十里洋场，但封建观念还很重。女儿中学还未毕业就被要求待在家里，等着好人家上门来说亲。嫁女儿，李经沣是要看双方的"八字"的，"八字"不合绝对不行。一个合适的人选出现了，他就是李家安徽同乡、家境原先贫寒的桐城人马兆昌。马兆昌的父亲是个精明能干的工匠，在桐城一带很有名望。马兆昌承继了父亲的数学细胞，聪明过人，在银行里工作，而且一手蝇头小楷很是了得。但推算下来跟李国秦的"八字"相克！于是大女儿不行就嫁二女儿，结果李国邠先姐姐成婚了。大女婿很快又有了最佳人选，他就是从美国留学回来的，后来当了宋子文的助手、出任国民政府财政部关务署署长的张福运。

张福运在哈佛大学读法律，与宋子文是同窗，回国后，经担任交通部长的朋友高恩洪推荐，当过交通部航政司长、北京交通大学校长。孙多钰也是美国留学生，任沪宁、沪杭线路管理局总办。他认为张福运是个人才，于是向李家老太爷推荐。李家对其印象不错，竟一次性通过。1924年，三十五岁的张福运娶了二十二岁的李国秦为妻，两人相差十三岁。但遗憾的是，这段令人羡慕的婚姻最终却不欢而散。

李国秦与张福运离婚后，大约在1950年到了香港，先是租住在弥敦道亲戚李慧龙的房子里，每周一次到沙田的一座山上去听佛家讲经，后来还带一些经卷回家抄写。她师从著名的密宗大师屈映光先生学习、研究佛经，并且改名李逸尘。屈映光先生早在辛亥革命之前是光复会的革命党人，辛亥革命后任浙江省民政长和巡安使，北洋政府时期先后被任命为国务院顾问、山东省省长和内务总长。他于1926年退出政坛，遁入佛门。抗战胜利之后到了香港，仍旧埋头佛学，聚徒讲经，东南亚、澳洲一带的佛门弟子，均慕名前来听讲。屈映光见李国秦读经专心刻苦，已经抛弃人间一切杂念，就给她取了法名"意空"，收其为大弟子。屈映光身体不舒服的时候，李国秦还接他到自己家中来，亲自照顾起居。后来据说蒋介石派人把他请到台湾，李国秦也随之到了桃园县的斋明寺，帮助大师重新修订了一套《中华大藏经》，编入的佛经竟有两千种。

1973年，屈映光先生以九十一岁高龄圆寂之后，李国秦就成了众佛徒拥戴的金刚上师。她在一篇序言中谈到自己学法的经历："余初承刘庚辰上师学法，刘上师乃贡嘎佛爷及若那佛爷之入室弟子，以是因缘，不二日若那祖师现余梦中，传余妙法，醒后莲花生大士圣颜常现余前，历历分明，于今为然，始识宿缘之不可思议。后以大陆动乱，寄居香江，依止屈映光上师，习脉气、明点、无上口诀等。又以因缘成熟故，于民国四十一年顷，随上师驻台弘法，如是随侍上师左右者凡二十余载，承师不弃，托付法脉。岁月悠悠，忽焉又历三十载矣，虽承师言，于浊世中弘法利生，不敢稍有怠忽。然余根器鲁钝，心余力绌，实深感有负托付。……"

2003 年的一天，101 岁的意空法师突然不见了。原来她是去还一个心愿，由两个小徒弟抬着，瞒过了台湾当局和周围所有人的注意，从台北到香港，又从香港到上海，再从上海飞往山西太原，从太原再乘汽车，直奔五台山，终于如愿以偿。在五台山，她受到了佛门弟子的隆重欢迎，还为修庙捐献了二十万元钱。回到台湾后，尽管因长途劳累病了三个月，她的心情还是非常愉快的。李国秦号称徒弟三千，有的是台湾大学教授，有的是部队中的高官，也有很多是东南亚一带的华侨。

2010 年，李国秦在台湾斋明寺圆寂，享年一百〇六岁。

带兵也讲公平的司令员

据王小卫介绍，父亲是 1981 年底携全家迁入复兴西路 140 号的。他 1919 年 10 月生于山东平度县蟠桃乡北窝洛子村。一生为人耿直，认为带兵打胜仗的关键是公平，不能偏一个，向一个。带兵公平公正，人家才服你。王小卫记得父亲说过，渡江战役时大家都想分好船，吵吵嚷嚷，他不讲关系，一概好坏搭配，使大家心服口服。本以为和平时期才讲公平，头一回听说带兵打仗也讲公平。

王小卫说，爸爸作战勇敢，部队上下都服他。王景昆文化不高，在老家只念过几年小学，1940 年在抗大胶东支校接受过短期培训，1954 年到南京军事学院高级速成系学习战役战术。他在长达七十年的戎马生涯中，参加过大小一百多次战斗，其中比较著名的有孟良崮战役、济南战役、淮海战役、渡江战役、攻打上海战役和抗美援朝等。他干过锄奸科，打仗主要靠勇敢，从未败过。王小卫记得父亲说过一件趣事，他率领"济南第一团"73团攻打济南时，不放心别人，亲自扛着小钢炮攻城。战士们上来抢，说您是指挥员不该扛炮，他坚决不允，情急之下还咬了人家。他打仗时的勇敢劲儿，由此可见一斑。

1945年9月7日夜，在胶东军区司令员许世友的指挥下，我军向平度县城发起攻击，敌人在西门处构筑的第一道防御工事，很快被摧毁了。在激烈拼杀的巷战中，突然一颗子弹穿透了王景昆的左臂，打断了他左臂的动脉血管和大臂神经，鲜血直流，连扶着他的通讯员小侯也像血人儿一般。他带着重伤，按住伤口，忍痛指挥部队反击。在这次战斗中，伪12师司令部覆没，师长张松山被生擒，伪县政府被攻克，两名伪团长被击毙，全歼守敌近7 000人，缴获了大量的战利品，被胶东军区誉为"创造了胶东大反攻以来的模范战例"。战斗中，首先突破西门攻进城的13团1营3连，被胶东军区命名为"平度第一连"。王景昆为解放平度城流淌过自己的鲜血。

在淮海战役中，他带领74团由西南助攻，突破碾庄圩后直捣黄百韬兵团部，创造了佯攻成功的范例。他跟着聂凤智军长先行南下，指挥3连5班从安徽无为渡江登上南岸繁昌，该班成为百万雄师中的"渡江第一船"。他率指挥所进驻上海国际饭店登高瞰视，各营控制苏州河以南、外滩以西市区。迟浩田在王团长手下当连指导员，他率领一个排冲进老垃圾桥一座大楼，闯进敌师部抓获上校副师长，逼迫敌师部及三个营官兵千余人放下武器，使战局得以快速推进，完成了"瓷器店里抓老鼠"的特殊战斗任务。他任志愿军81师副师长兼参谋长时参与作战，苦战六个昼夜，歼灭在美国南北战争中能征善战的"北极熊团"5 800人，荣获朝鲜民主主义人民共和国二级独立自由勋章。

王景昆廉洁奉公，当时部队工资很低，但他总是说我很知足，我的钱够花了，从无怨言。老战友要来看他，他往往说不要来，怕给别人添麻烦。他不喜欢拍马屁的人，有个安徽籍公务员拉关系，搭便车送2只鸭子到他家，王司令第一次折价买下了，并义正词严地告诫下次不许送东西，再送东西就直接退回去。妻子谭敏贞1946年参加革命，在部队担任护士工作，新中国成立后在药品检验所工作过，担任办公室副主任。1998年王景昆中风，当场昏了过去，谭敏贞迅速把他嘴掰开透气，救了过来，才挽回了丈夫的生命。

新中国成立后，王景昆长期在沪宁线一带的南京、镇江、苏州、无锡、上海和浙江舟山等地工作，历任舟嵊要塞区司令员、江苏省军区司令员、上海警备区司令员等职，在自己的工作岗位上，为部队做出了卓越的贡献。

2008年2月15日，王景昆在上海逝世，享年九十岁。迟浩田上将专门写来了挽词："悼王景昆将军：德高望重战功卓著的老团长，王景昆同志永远活在我们心中！"

现有王景昆回忆录《大泽山赤子》行世。

柯灵的磨墨人生

宋浩杰

衡山路复兴路区域是上海市人民政府公布的历史风貌保护区，其整体风貌依旧保持了老上海法租界时期的基本布局，步入其间，会让人感觉整个地区品质的高贵和环境的优雅。岳阳路桃江路口、淮海路武康路口、宝庆路环海路口……辐射状的城市布局，中国历史文化名街武康路上熙熙攘攘的中外游客，西班牙式、英国乡村式、巴洛克式等风格的建筑鳞次栉比，犹如万国建筑博览园。日间丝丝阳光透过茂密树叶，形状不一，犹如片片金花，洒落在路面，别有一番风景。马路两旁整齐的行道树伸向远方，恰似条条时光隧道，人在其间行走，仿佛在穿越历史，去探寻曾经的往事和故人。

复兴西路 147 号，一幢建于 1933 年的西班牙式三层公寓建筑，南面带有花园，淡黄色的拉毛外墙，围墙上沿和屋顶铺的是半圆形的琉璃瓦。正门开在建筑正中，靠东面三间是个汽车间。靠西边外墙是一座室外楼梯，楼梯再靠西边一间也是汽车间，其中三间已改为门面用作商店。室内从三楼下到二楼，然后分成两路：一路在室内转弯下到一楼从正门而出；另一路通过一扇圆拱门转向室外楼梯下到一楼，与过

柯灵故居（贺平　摄）

柯灵故居中的特色小窗（贺平　摄）

往人行道相接。147 号建筑一层为一套房，二层为两套房，三层为一套房。历史上曾为国民党中央执行委员会委员、驻日本大使馆参事、外交委员会委员长、特命全权公使陈伯藩所有，20 世纪 50 年代上海锦江饭店创始人董竹君、著名演员上官云珠都曾在这里住过。柯灵当年居住在二层的东首。室外楼梯的外墙上悬挂着一块徐汇区人民政府公布的"柯灵故居"铭牌。

柯灵，中国著名作家、编辑家、文艺评论家。辛亥革命后，他跟随家人从广州返回故乡绍兴。没几时，生母离开绍兴，二哥去世，父亲接连受到打击，在病榻上安排了后事，将柯灵过继给了婶母金氏。父亲去世这一年，柯灵正好六岁。自此以后，柯灵开始了寄人篱下的生活。晚年，柯灵回忆童年生活时如此写道："我童年时，家庭已近破落，世态炎凉的滋味，开始虫蛀一样侵蚀我稚嫩的心灵……我的童年生活很暗淡……"

因为家庭原因，高小毕业的柯灵终止了学业。但一次偶然的机会，让柯灵有幸踏上教师的道路，这一年，柯灵正好十五岁。在学校中，邀请柯灵到学校教学的陈校董雪中送炭，给他送来了书籍和各种杂志，还特地送了一本字典，鼓励他通过自学提高学识水平。大哥伯琳也经常把从广州、上海带来的新的文学作品、杂志带给他阅读。镇上还有个简陋的"阅报楼"，这里是少年柯灵经常光顾的地方，他如饥似渴地通过阅读了解社会、文化和教育的最新动态。再加上他天生喜爱从报纸上抄写欣赏的文章，潜移默化中提升了他对于文学的敏感、理解和热爱。这一时期的柯灵奋发自学，字典、书籍和报纸杂志都成了他的"良师益友"。逐渐迷恋上文学之后，柯灵萌生了写作的冲动，于是先写日记，之后尝试写作并开始向报社杂志投稿。

1926 年，柯灵的叙事诗《织布的妇人》和散文《记禹门乡之提灯会》分别发表在当年的《妇女杂志》第 12 卷第 10 号和 10 月 17 日的《越铎日报》上。《越铎日报》当时曾因刊登过鲁迅的文章而有很大影响，对于一个年仅十七岁的少年来说，能在报刊上发表作品，真是欣喜异常。

柯灵生在广州，长在绍兴，但是在他的人生过程中，上海则是一个无法避开的城市。上海犹如他的第二故乡，对这里他有着特殊的情感，他在上海遭逢了千年未有的历史巨变。

1930 年，二十一岁的柯灵初到上海，当时他是受幼时小学校长之邀，前来创办报纸《时事周报》。虽然报纸只出版了短短几期便宣告失败，但是对于年轻的柯灵来说，却积累了丰富而宝贵的办报和编辑经验。在几十年后，柯灵回忆说："这是我编的第一个刊物，起点低得令人吃惊，但我感谢它给了我学步的机会。"有了这一次的经验，柯灵在回到绍兴接手《儿童时报》后获得了很大的成功，《儿童时报》在他的手中大放异彩，发行量节节攀升。

时隔一年，柯灵再次来到上海。这次他却走进了电影界，从 1931 年到 1937 年的六年里，柯灵经历了从"天一"到"明星"再到"联华"电影界的三大公司。20 世纪 30 年代初期，正值左翼文化运动蓬勃发展，而党的电影小组也在此时成立。这些周边环境对于柯灵产生了巨大的影响。柯灵参加了影评小组，积极撰写电影评论文章，当时几乎所有报刊上都能读到他的文章，"柯灵"这个笔名便是在这个时期使用并得到了广泛的传播。

1937 年 8 月 13 日，淞沪保卫战打响。告别了电影公司的柯灵和上海其他爱国报人一样，满怀热情地创办报刊。他们以文字为武器，与日本帝国主义继续展开"战斗"。同年8月，上海文化界救亡协会机关报《救亡日报》创刊，柯灵任编委；10月，时事周刊《民族呼声》创刊，柯灵任主编。这一时期，柯灵夜以继日不断将耳闻目睹的中国军民英勇抗战的事迹化作一篇篇鼓舞士气的战斗"檄文"，在杂志上刊登呐喊。

随着时局的变化，众多文人逐渐开始向大后方撤离，但是柯灵依然选择留守上海。在严酷的敌后环境下，他先后主编的《文汇报·世纪风》《大美报·早茶》《大美报·浅草》《正言报·草原》等报纸的文艺副刊是主要的"上海抗战文化堡垒"，创建和延续了一条抗战救国的现实主义艺术的路线，团结了大批爱国文人，一改上海文坛的沉默萧条，持续地在上海这座"孤岛"上发出了上海作家的抗战呼声。

太平洋战争爆发后，上海全面沦陷，文人们的处境愈发严峻，柯灵参加了苦干剧团，进入了一个新的艺术领域——话剧，并编写了《夜店》《恨海》等多部剧目。1943年，柯灵一面躲避着日伪的追捕，一面接手了《万象》杂志的主编工作。《万象》以小说为主打，广收诗歌、散文、杂文、戏剧、电影、文学和艺术评论等各种体裁的作品。开辟"作家书简""万象闲话""文艺短讯"等栏目，创作特辑、专号等刊物，接受来自本埠、沦陷区、国统区和海外稿件，堪称"包罗万象"的文艺刊物。柯灵在夹缝中求生存，继续宣扬抗日文化，在日军军刀下延续了"五四"进步文学的火种。

1944年和1945年，柯灵两度被日本宪兵逮捕，关押在衡山路上叫人闻风丧胆的"沪南宪兵队"，这是一个关押、杀害抗日爱国志士的地狱和魔窟。关押期间，柯灵忍受着身体和精神的双重折磨，在威胁和利诱面前，他用文人的身份回答："我是中国人，我爱中国！"柯灵的机智和正义震慑了敌人，日本宪兵最终无计可施，只能将他释放。

在中国文坛，柯灵是一位罕见的多面手。他既是作家、编辑家，又是文艺评论家和报人。他的人生可谓与写作融为一体，一生笔耕不辍，真正做到了著作等身。

柯灵是文坛公认的散文大家，他的抒情散文精致而清雅，他的序跋散文严谨而求实，而他的小说创作则擅长于社会世相的精确描绘与人物情感的深层挖掘，展现的是个人浮沉与社会矛盾冲突碰撞下的世情与人性。

作为鲁迅同乡，柯灵还在杂志上发表了大量反映社会现象的杂文。柯灵自小拜读鲁迅作品，深受其杂文影响。因此，柯灵的杂文语言简劲，一针见血，承继了鲁迅杂文"为匕首、为投枪"的战斗传统，与瞿秋白、茅盾、巴人等形成了充满战斗精神的"鲁迅风"派。柯灵曾说："我以杂文的形式驱遣愤怒，而以散文的形式抒发忧郁。"

作为一名优秀的电影剧作家、理论家和评论家，柯灵十分重视电影的群众性和通俗性特征。他重视电影对社会现实和人生命运的真实反映，在揭示社会现实的同时将人物形象塑造得栩栩如生。经过柯灵改编后的剧本总能恰如其分地反映当时中国社会现状，把握好中外、古今的时代背景和文化差异，具有当代的文化价值。

解放战争时期，柯灵创办了《周报》。这份政治性刊物充满了战斗精神，它呼唤着人民要和平反内战的声音，不断揭露国民党压制民主的暴行，也因此得到了广大读者的热烈拥护。

1946 年 8 月 24 日，《周报》出版还不满一年，就被国民党当局查禁。1948 年 5 月，柯灵迫于形势，离开上海前往香港。在香港，他参与创办《文汇报》，继续战斗。同时他还担任永华影业公司的编剧，接连写出了《春城花落》《海誓》两部电影剧本。1949 年，新中国成立，高兴之余的柯灵也告别了锋利敏锐的杂文笔法，转而用优美古雅的散文歌颂这个新时代，歌颂祖国。1950 年从香港回到上海，柯灵又先后改编和创作了《腐蚀》《为了和平》《不夜城》《秋瑾传》《春满人间》等多部电影剧本。

复兴西路 147 号 203 室，从 1959 年至 2000 年，柯灵在此居住了四十余年，这里留下了他后半生的人生痕迹。

到了晚年，为了专心写作，柯灵曾定下规矩"下午四点之前恕不接待"。然而每逢客人叩门时，这个自定规矩便自动瓦解。在这间不大的客厅内，柯灵接待过巴金、夏衍、张乐平等重要作家、画家以及来访的港澳台的作家，也接待过一些刚踏入写作道路的年轻新手和热情读者。

书信是人们自然而然抒发、宣泄情感的载体，它同日记一样，不加任何粉饰、没有丝毫雕琢地揭示出人的思想、情感深处最具本质的部分。柯灵一生朋友甚多，文坛内外交往频繁，留下众多书信。这些书信具有双重意义上的价值。既文采斐然，具有很高的文学价值，又如鸿爪留痕，是珍贵的文献史料，还可从另一侧面一窥柯灵崇高的精神世界和他丰富的思想情感。

柯灵过世后，他的寓所尽管仍保留着原有的模样，但在经历了十几年的风雨沧桑后，房屋破损，蛛网密布其间，墙上成片的斑斑污迹中散发着一股呛人的霉味。靠南部分的书橱在雨水浸淫下全部霉烂，书柜中的书籍也腐烂碎裂，字迹模糊。书房和卫生间的夹墙上部倒塌，窗户、落地门的铁框腐蚀锈烂。抢救和保护柯灵故居刻不容缓，时任上海市作家协会副主席赵丽宏多次在全国政协会议上书写提案，呼吁政府等相关部门整合力量，共同保护柯灵留下的文化遗产。但遗憾的是，几年过去了始终没有一个圆满的答案。

2014年元旦过后第一天，刚退休的我受湖南街道党工委书记陈澄泉的邀请专程赶到湖南街道报到，自此开始了负责筹建柯灵故居（张乐平故居也在同步进行）的艰辛工作。在湖南街道党工委的授意下，我和柯灵亲属顺利谈妥了柯灵故居房产和室内全部日用具、书籍和来往信件的移交和转让工作。当年12月，湖南街道成立了名人故居筹建小组，并交由我负责，我邀请了方阳和郭皓。方阳原是上海工艺美术博物馆副馆长，正值退休，郭皓也刚离开工作岗位，他们在陈列布展和老建筑的修缮上颇有经验。我还招聘了当年毕业的大学生翁汝佳、徐欢和范豫润。翁汝佳是北京大学文物系的学生，徐欢、范豫润则分别毕业于华东政法大学、华东师范大学。他们都是看到报刊上的招聘启事后聚集到湖南街道的，这也是他们第一次踏入社会。他们没有经验，但年轻，富有热情，有很好的文学功底，小翁还有很好的专业背景。我们聚集在一起，开始了柯灵故居（还有张乐平故居）的筹建工作。

2015年，筹建小组做了三件大事：第一件事，按照"修旧如故存其真"的文物修缮原则，落实对柯灵故居整体进行抢救性保护；第二件事，修缮柯灵故居的同时，全面整理故居物品，设计展览线路、确定展览大纲、落实展览内容、写出展览文本；第三件事，10月份开始，故居的布展设计、展柜制作和空间安排同时推进。截止到2016年春节，筹建小组全面完成了柯灵故居（还有张乐平故居）的筹建工作，确保了柯灵故居向社会开放（同时开放的还有张乐平故居）。在故居展厅设计中，我们将2000年徐汇区政府增配给柯灵的一楼东面房子做成展厅，东面的汽车间安排为序厅，其他空间分成两部分，第一部分用以展示"柯灵一生"，第二部分是"文坛交往"。第二部分展品全部是重要人物、文人、家属、读者的往来书信，众多书信形成了故居展厅的一大特色。如此之多的书信原件在一个展厅中有序展示，这在上海其他故居中也是绝无仅有的，在全国也是罕见的。穿过展厅，踏上重新修复的老式螺旋式楼梯（这个楼梯原先设计是给保姆上下楼梯用的），便来到了柯灵的二楼故居。二楼故居非常完整地保存了柯灵夫妇当时工作和生活的场景，无一改变。众多参观者曾评价上海的柯灵、巴金以及宋庆龄故居在他们所见到的故居中，属于原汁原味保持最好的故居。柯灵故居虽小，但非常精致，所有的细节都具有鲜明的教育意义。参观故居的顺序依次是厨房、客厅、书房、卫生间、房间和出门的过道。当年该建筑的设计也是既简单又合理，卫生间居中，书房、客厅和卧室任何房间都有门可以通往卫生间。从房间内简单的陈设、普通的家具和四壁书柜中的藏书，可以看出柯灵日常生活的节俭朴素、安贫乐道和热爱书籍的高尚品质。故居的整体陈设和人文氛围一如当年，仿若柯灵先生从未离开过，随时可能回转家来。

阅读，始终是柯灵一生的兴趣，阅读和藏书成了他生活中不可或缺的组成部分。步入柯灵的书房，一张铁制写字桌占据了房间中央的大部分空间，其四周则是书柜环绕。书柜尽管样式不一，但错落有致，里面排列着柯灵编辑和收藏的各类书籍。

"文革"期间，柯灵家的书房和客厅均被查封，于是，卧室南端仅几平方米的小阳台就成为柯灵的简易"书房"。小阳台沿西面墙壁摆放的是一个账柜，账柜侧面板朝外放下90度可以固定，便成为一个简易"书桌"。每天，柯灵就伏案在这"书桌"上，坚持他所热爱的写作事业。

"文革"过后，柯灵重返文坛，他终于可以重新回到他的"书海"中遨游了。柯灵在书房中创作了大量的优秀作品，写了一连串内涵深刻、气势磅礴的散文。其中包括《在历史的激流中》《回看血泪相和流》《遥寄张爱玲》等文章，也出版了《柯灵电影剧本选集》《柯灵电影剧本续编》《柯灵散文精编》《柯灵散文选》《柯灵杂文集》等许多著作，其中《柯灵散文选》获中国作家协会主办的"新时期全国优秀散文集荣誉奖"。上海文艺出版社出版的《柯灵六十年文选》，洋洋八十余万字，更是我国当代散文史上一颗璀璨的明珠。

柯灵曾经说："我写东西只有一个原因，就是我心里有话要说。这个话不是说给我自己听的，我要向读者倾吐。那么，我要向读者说，希望得到读者跟我的共鸣。读者是我的精神支柱，我能够跟读者同声相应，同气相求，大家在这样精神对话中得到认可，这就使我感到充实，感到温暖……我曾经说过我追求的是这样几句话：以天地为心，造化为师，真为骨，美为神，以宇宙万物为友，人间哀乐为怀，崇高宏远的未来作为我的理想。要真正达到这一点，并不容易，但我一直在尽力而为。我希望经过我的努力，我希望读者喜欢我的作品。"

柯灵正是这样，"以天地为心，造化为师，真为骨，美为神，以宇宙万物为友，人间哀乐为怀，崇高宏远的未来"

为理想。

　　柯灵如此总结他的写作与人生："文字生涯，冷暖甜酸，休咎得失，际遇万千。""纸上烟云，恰如屐齿印苍苔，字字行行，涂涂抹抹，也就是斑斑点点浅浅深深的生命留痕。"

　　2000年6月，柯灵，中国著名作家，在华东医院病床上安详地走了，但是他近一个世纪的人生却给我们留下了极其丰富而宝贵的文化遗产。

　　柯灵不仅是文人的楷模，更是今人前行的一盏明灯。

威尔金逊住宅的故事

薛理勇

　　复兴西路旧名白赛仲路（Route Boissezon），是 1914 年所填原名"南长浜"的河流的残段而筑，以当时负责填浜筑路的法租界公董局工程师白赛仲的名字命名。复兴西路 193 号住宅约建于 1930 年，是一幢独立的花园洋房。在 1937 年的登记中可知，住户是 Mr. & Mrs. E. S. Wilkinson 和 Miss Mary P. Wilkinson，也就是威尔金逊夫妇和威尔金逊女士，他们应该是一家人。

　　威尔金逊是英国注册会计师协会会员，是一位老资格的会计师。早年在英国一家颇有规模的会计事务所任职，因为经常接触到上海与英国贸易的会计业务，使他对中国、上海有了一定的认识和好感，尤其是当他知道会计一行越来越被中国市场看重后，遂于 1914 年来到上海，不久就与自己的同行汤姆森合作创办了汤笙会计事务所（Thomson & Co.）。当时，上海的洋行、公司许多是"有限公司"，必须定期提交财务报告，一旦公司经营出现负债，就会启动"清理"程序。汤笙除了代理一般的财务业务，还代理审计和财务清理业务，逐渐成为上海著名的审计公司。早期，汤笙会计事务所设在九江路 2 号，20 世纪 20 年代后迁到广东路 20 号日

MR. E. S. WILKINSON

威尔金逊

清大楼内，并先后在中国重要的贸易港汉口、天津、香港、北京等城市设立分部，在英国伦敦设立办事处。事务所增加代理承接海上货运保险、报价、核价，是货主与航运商之间的中介与价格商议方。对航运商来讲，汤笙是代理人，而对货主来讲，有了汤笙的服务，可以省却许多手续和麻烦，还能节省不少开支，所以，汤笙会计事务所的业绩不错。华俄道胜银行是中国与俄国的合资银行，总行设在彼得堡，设在上海外滩 15 号的分行是在华的总部，"十月革命"后，总行从彼得堡迁到法国巴黎。1926 年，华俄道胜银行巴黎总行宣告倒闭，上海分行随即宣告清理，而汤笙就是负责清理的会计事务所之一，这也从一个侧面反映汤笙的实力和影响。

威尔金逊住宅

屋顶的风景（贺平　摄）

绿荫下的后院

1927年，以蒋介石为首的南京国民政府成立，不久，华俄道胜银行的班底就成了南京国民政府的中央银行。其时，威尔金逊正在主持华俄道胜银行的财务清理工作，无形之中与蒋介石政府建立了良好的关系。

玛丽·威尔金逊是一位医生，追随哥哥来到上海。1927年，在上海的美国基督教复临安息日会在西郊罗别根路（今哈密路）创办的"上海疗养院"（Shanghai Sanitarium，医院的院长叫密勒，所以该医院又叫做"密勒医院"，是旧上海最著名的疗养医院。旧址在今上海公安学院，学院还有部分老建筑存在）工作。两年后，复临安息日会又在虹口老靶子路（今武进路171号和183号）建设上海疗养院的市区门诊部，玛丽·威尔金逊又调到那里工作。

20世纪20年代末，威尔金逊购进法租界白赛仲路（今复兴西路193号）土地兴建私宅。住宅占地面积1 350平方米，其中建筑占地250平方米，假三层砖木石混合结构，英国乡村别墅风格，建筑面积667平方米。

建筑坐北朝南，朝南主立面的三分之二的开间略前出，最西侧的底层设计为外凸的三面有窗的形状，上面设计为阳台，这里是主卧室；中间的底层设计为双连拱券窗，而二层改为平窗；东侧的立面略向后退，设计有月台，月台之后又是三扇连续拱券的落地窗。屋顶设计为多坡红瓦顶，假三层设计为双尖顶，各开一扇屋顶窗（roof window），也就是上海人所说的"老虎窗"。建筑的外墙使用拉毛水泥，与红砖相间，立面造型变化较多，色彩层次较丰富，平添了较好的立体效果。建筑师还有意使北立面山墙的木架外露，这是许多英国式住宅的明显特征。

1941年12月7日太平洋战争爆发后，英国成了日本和德国的敌对国，威尔金逊兄妹被日伪政权遣返回英国，住宅被日伪的恒产株式会社接管后变卖。据说，抗战胜利后，威尔金逊曾经重返上海，试图收回住宅的产权，但因产权已经有过几处变更，无果而返。以后再也没有见到威尔金逊来上海的记录。

1949年后，复兴西路193号住宅由上海房地产部门接管。1975年，上海市房地产管理局在这里成立住宅建筑研究所。1988年，改为上海市房地产科学研究院。今研究院占地面积5 333平方米，建筑面积3 200平方米，原来的威尔金逊住宅只是现在的研究院的一部分。1999年，这里被公布为第一批上海市优秀历史建筑。

高逖公寓，源于法国汉学家的名字

钱宗灏

　　高逖公寓位于复兴西路271号，据徐汇区文物部门公布的资料，该公寓建造于1930年，因紧靠当时的高逖爱路（Route H. Cordier）而得名。高逖爱路辟筑于1925年，1943年改名为库信路，1945年改名为高邮路，所以后来高逖一词也有被称为高邮的，不过周围街坊老居民们都还是习惯称高逖公寓。高逖公寓所处区位上佳，复兴西路高邮路口，环境安静，视野开阔，离武康路、安福路、湖南路等适宜漫步的道路都仅咫尺之遥。公寓占地面积仅133平方米，建筑面积却达到了653平方米，属于那种徐汇区常见的小型特色公寓。建筑为五层钢筋混凝土结构，装饰艺术派风格，平面按地形作楔形布置，前端面东，正好位于复兴西路和高邮路的转角处。显然当时建筑师也充分注意到了这一点，设计配以大块面的玻璃窗，可将清晨的第一缕阳光引入室内，从而给室内营造出一种朝气蓬勃的气氛。从对面的路口望去，浓荫下露出的一方楼体也正好作为立面构图的视觉中心，给人一种简洁明快的现代感。不过这种处理方法如果用中国传统的风水观去看，则是犯了"剪刀煞"大忌的，所幸老外的文化观不同，他们不信这一套。再看底层作为公寓的主入口，

冬日里的高逖公寓

两侧呈弧线内凹，用风水观看来又是犯忌的，但从适合使用的角度看则是十分合理的安排。墙体的自然过渡形成可供人们驻足的门廊，二层至五层楼体前凸，一方面利于遮蔽门廊的日晒和风雨，另一方面也形成了与底层形体的凹凸对比；两翼向后逐渐扩展，以外凸的玻璃窗户和墙体形成竖向块面的虚实对比。此外，南立面还有凸出的半六边形阳台，构成现代居家生活必需的要素。建筑师十分熟稔地运用形体对比来突出他对现代公寓建筑的理解，形式服从于功能，其手法相当的纯粹。

由于一层楼面只布置一套住宅，所以都是大户型的。虽然受到建筑总平面不规则的影响，室内每一个房间几乎都是多边形的，但在建筑师的匠心设计下，室内安排得非常从容，客厅、过道、卧室、起居室、厨房、餐厅、佣人房等一应俱全。卧室套间安排在南向，带有阳台，客厅朝东，光线充足；厨房和餐厅朝向西北；并且还辟设了两条通向室内各房间的通达路线，主人一家可随意往来于各处房间，而门外另有走廊供服务人员抵达需要服务的各房间，主仆各得其所，工作和娱乐不会互相干扰。虽然这种安排今天已无必要，但细致周到的安排仍值得今天的室内设计师们借鉴。建筑的西侧后面直到40年代仍都是草地，但现已建了楼房。

关于该物业早期的主人，有文章这样写道："曾经这座老公寓在上世纪 30 年代中期是 Van Stelling Werf 家族修建的。""这个家族曾经还拥有过密丹公寓作为投资用。1941年下半年，这两栋老公寓都被卖掉了。""曾经的建造者 Van Stelling Werf 一家就住在顶楼。"据此，我去查了百度，发现 Stelling Werf 不是两个单词，而是应写成 Stellingwerf（斯特尔林瓦夫），是一个来自荷兰人的姓氏。接着我又查阅了 20

世纪 30 年代上海的史料，一共找到了三位姓 Stellingwerf 的侨民家庭，第一位 W. Van Stellingwerf 是工部局的税务官员，他和网上文章中的姓名最接近，但他住在白赛仲路（即今复兴西路）34 号的卫乐公寓（Willow Court）7 楼 C 座，而不是像网上文章里说的住在高迭公寓的顶楼（后来搬过去了？）。第二位 H. M. Stellingwerf，住在白赛仲路 171 号，在美安公司（American Securities Co.）供职。从字面上看那是一家美商证券公司，他在公司的高管中排名第五。还有一位是在英美烟草公司任职的。英美烟草公司又称颐中烟草公司，资本雄厚，几曾垄断了旧中国的卷烟市场，这位 P. C. Stellingwerf 和太太一起住在居尔典路（Route Culty，今湖南路）266 号，在公司的会计部门任职位，收入肯定也不菲。看来这三位先生住得离高迭公寓都不是很远，也都有能力投资建造像高迭公寓那样的迷你型公寓。在 20 世纪 30 年代上海房地产兴旺发达时期，富裕的外国侨民投资房地产也不失为一种个人财富增值的手段。所以究竟是谁投资建造了高迭公寓，这桩公案暂时还只能存疑，有待进一步的史料被研究者挖掘出来后，方可下结论。

不过我更感兴趣的倒是高迭公寓名称的来源。我们知道，法租界当局喜欢用人名去命名界内的道路，其中也不乏以文化名人命名的道路，如福开森路、莫里哀路等，想来高迭爱路也属于此类。高迭爱（Henri Cordier，1849—1925，现常译作亨利·考迪埃）是法国著名的汉学家。1869 年来华，先是在上海美商旗昌洋行任职。1876 年由福建船政监督、同为法国人的日意格（Prosper Marie Giquel，1835—1886）指派回国，担任驻法中国教育团的秘书。1881 年，他出任巴黎现代东方语学院教授。后又任法国地理学会会长、亚细亚学会会员、法兰西学院会员等职。1890年，法、荷汉学家联合主编的《通报》创刊。《通报》是一份专业性的、国际性的汉学研究杂志，在学术界影响很大。高逖爱为创办人兼编辑之一，他本人在这本杂志上也发表过许多关于中国历史和语言的文章。此外还著有《法国在远东两个租借地的起源：上海、宁波》，1896年出版；《1860—1900年中国与西方列强关系史》三卷，1901—1902年出版；《1857—1858年远征中国记》，1905年出版；《1860年对中国的远征，外交文书和文件史》，1906年出版；《中国通史》四卷，1902年出版；《中国》，1921年出版；《西人论中国书目》五卷，1904—1924年陆续出版。他还将英国汉学家裕尔1868年编译出版的《东域纪程录丛》（四卷）一书加以补订后于1915年再版。

1925年高逖爱在巴黎去世，为了纪念这位著作等身的学者，上海法租界当局决定将界内刚修筑的一条道路以他的名字命名。如今高逖爱逝世虽然已将近百年，但他的文章著作仍常常被研究中国近代史的学者们引用，受到学术界的重视。

2017年4月27日，徐汇区文化局公布高逖公寓为徐汇区文物保护点。在此我记叙下这一段文化名人同建筑的渊源关系，想来对于我们更好地阅读建筑，对于传承上海这座国际性大都市的文脉来说，都将是一件有意义的事情。

早期现代派建筑：梅谷公寓

吴志伟

梅谷公寓位于复兴中路陕西南路西北转角，门牌号码虽然是复兴中路 1180—1184 号，从平面图上看，大致呈长方形，陕西南路部分所占面积更多，门牌号码也很多——从 372 号到 388 号都是。

这幢公寓在周围一些建筑的相衬下，无论是外墙色调，还是样式，都显得有些特别。它的设计者是当时国内著名的华盖建筑设计事务所，建筑风格在那时也是时髦的，经过一番整修后，仿佛带有点"异味"了。

建筑的设计者

梅谷公寓的设计者，至今没有办法完全确定。这是因为设计这幢公寓的华盖建筑事务所，当时规定在设计图纸上只写设计事务所名称，不写建筑师个人姓名。在近代中国自营建筑事务所群体中，华盖建筑事务所是目前所知作品最多的两家公司之一（另一家是总部设在天津的基泰工程司），由当时建筑界三个著名人物共同创建，他们分别是赵深、陈植和童寯。

今日梅谷公寓（贺平　摄）

昔日梅谷公寓（1935 年）

赵深，1898 年出生，江苏省无锡人。1911 年，考入清华学堂（1912 年改名为清华学校，1928 年改名为国立清华大学），毕业后被选拔赴美国留学，1923 年获宾夕法尼亚大学建筑系硕士学位。随后在美国费城、纽约、迈阿密的建筑事务所实习打工，除了获得额外收入，还可以直接学习西方建筑设计技术。1928 年受范文照的邀请，在范文照建筑师事务所从事设计工作。在近三年的工作期间，设计了杭州西泠饭店、南京铁道部大楼以及著名的上海南京大戏院等项目。范文照十分器重他，给了他合伙人待遇，使赵深积蓄了一笔钞票。由于赵深一直有自己开个建筑事务所的念头，1930 年底，他离开了范文照建筑事务所，翌年年初在四川路 212 号六楼设立了自己的建筑事务所，承揽建筑设计事务，目前可知第一个项目是大沪旅馆的设计。当时上海的建筑设计市场大部分由外国建筑师占据，为了生存并与之竞争，赵深很想做大做强。这时原来在东北大学任教的陈植因战事而南下上海，很快与赵深合作。确切的时间无法得知，1931 年 11 月 22 日《申报》报道：西海戏院特请赵深、陈植两大建筑师为本院设计打样，布置特别，务使西海同胞看戏舒服。这个还不能完全确定赵、陈两人是否已经同在一个事务所了。12 月 12 日有两条消息，一是"南京外交部新屋图样现已规定，不日兴建。由建筑师赵深、陈植设计，故赵建筑师常仆仆于京沪道上"；另一条是"赵深、陈植设计之大上海影戏院由久记承造，工程进行，极为迅速"。这无疑说明两者已经合作很深，特别是第一条，陈植参与设计，而赵深在京沪道上忙碌，不是一个建筑事务所是不太可能的。在《童寯文集》第四卷中有一封陈植写给童林凤的信，内中提到："1931 因我揽到 10 层楼的浙江兴业银行"，"赵揽到南京外交部，乃成立赵深陈植事务所"。名称于1932年9月4日《申报》上始见，《本埠新闻二·捐助东北义军》说："赵深陈植建筑师事务所（捐）五十八元五分。"

陈植，1902年出生，浙江杭州人。1915年进入清华学校，1923年毕业后，报考庚子赔款公派留学生，录取后到美国宾夕法尼亚大学建筑系深造。学习刻苦，成绩优秀，在建筑方面，反对模仿，勇于创新，深得导师斯敦凡尔特的赞许。在求学期间参加美国柯浦奖设计竞赛，荣获一等奖。在宾大期间，经常与梁思成、林徽因在一起。毕业后，陈植在费城Harry Sternfeld和台克劳特（Day & Klauder）、波士顿CSBA（Coolidge，Shepley，Bulfinch & Abbott）、纽约伊莱·康（Buchman & Kahn）事务所都工作过。1928年张学良主政东北，兴办教育，亲自任东北大学校长。梁思成出任建筑系主任并筹备班子，陈植受梁邀约放弃了欧游计划，于1929年抵达沈阳任教，直到东北沦陷才赴沪发展。

童寯，1900年出生，辽宁沈阳人。1921年考入清华学校，1925年毕业后，受高年级同学杨廷宝的影响，选择留学美国宾夕法尼亚大学建筑系。因学习刻苦勤奋，从不涉足娱乐场所而在同学间广为传诵。1927年全美大学生建筑设计竞赛，命题是罗丹博物馆，童寯荣获二等奖；1928年全美近五十所大学建筑系参加新教教堂设计竞赛，童寯夺得一等奖；同年又获得Arthur Spayd Brooke设计竞赛金奖。1928年冬，他以三年修满六年全部学分，获得建筑学硕士学位，提前毕业。之后先后在费城本科尔建筑师事务所、纽约伊莱·康建筑事务所实习和工作。在外国建筑师的指导下，从当实习绘图员到参与建筑设计，进一步积累了建筑设计工作的实践知识和经验。1929年起开始研究西方建筑流派和思潮，1930 年 5 月 1 日登上英国南安普顿小镇，开始了为期三个多月的欧洲之旅，先后考察了英国、法国、德国、意大利、瑞士、比利时、荷兰、匈牙利、波兰、苏联等国的一些建筑，收获颇丰。1930 年 9 月，应邀在东北大学建筑系任教。1931 年，东北遭到侵略，战事不断，梁思成、林徽因离开东北去北平中国营造社，童寯接任建筑系主任。"九一八"东北沦陷后，东北大学被迫停学，9 月底童寯全家决计离开沈阳，暂时避居北平西山。两个星期后陈植从上海发来邀请，请童寯去上海赵深陈植事务所工作。11 月，童寯把妻儿暂留北平，只身赴沪"试试看"。当时东北大学的一些高年级学生没有去处，童寯即召集他们到上海继续学习，经由陈植安排三四年级学生在大夏大学借读，陈植、童寯教设计，江原仁、郑翰西教工程，赵深教营业规例、合同估价等课，毕业后仍发给东北大学证书。

1933 年，赵深陈植建筑师事务所因童寯的加入而改名为华盖建筑事务所，地址仍设在宁波路 40 号上海银行大楼 407 室。"华盖"之名由赵深的忘年之交叶恭绰择定。"华盖"含"中国建造"之意，"盖"亦有"超出一般"之愿。1935 年 10 月浙江兴业银行（江西路 406 号，今北京东路 230 号）建成后，事务所迁入其 526 室。业务兴盛时曾设南京、杭州分所，有雇员三十人以上。抗战时期陈植留上海孤岛，另设昆明（1938 年，赵深）、贵阳（1939 年，童寯）分所。抗战结束后，事务所总部先设于上海市圣三一堂附属办公楼（九江路 219 号）3 楼，后迁至上海市法邮大楼（四川中路 220 号，今上海档案馆外滩新馆）101 室。1952 年，以陈植加入华东建筑设计院为标志，华盖建筑师事务所正式解散。

三人在宾大学习或在美国事务所实习期间，美国装饰艺术派风格从无到有，最终成为摩登艺术风格的中心，并兴起了装饰艺术派摩天楼的建设高潮。对于三人来说，这应当是他们回国前深入接触到的最新的建筑思想和式样了。装饰艺术派对于古典对称和现代简约的综合，对于传统和时尚的结合，对于视觉上的装饰性，在三人的作品中都可以找到。通常认为赵深、童寯在欧洲游历时，初接触了现代主义建筑。

初始的名称与建筑特色

复兴中路陕西南路转角处的梅谷公寓，或被认为原来的称呼是"亚尔培公寓"，西名为 King Albert Apartment，这个说法肯定是错误的。《申报》1934 年 3 月 27 日报道："华盖建筑事务所将于亚尔培路辣斐德路中间，兴造一新式公寓，泰来营造厂承建。"同年 8 月 14 日《申报》在《上海之公寓下》中提到："辣斐德路附近：亚尔培路角公寓，同右（即辣斐德路），五层，在建筑中。""亚尔培公寓，亚尔培路，四层，十五座。"很明显，亚尔培路上的亚尔培公寓有十五座建筑，这个是现在的陕南村。在 1935 年后的《字林西报·行名录》中，就可以看到 King Albert Apartment 下有不少住宅号，并且是单号。比如 1935 年，343 号 King Albert Apts.，下有 4 个（居室）住户姓名；345 号、347 号、349 号、351 号、353 号、355 号、357 号、359 号、367 号、369 号、371 号、373 号、375 号、377 号都是 King Albert Apts.；377 号那时 2 室住户是 R. Lejay、S. Segerman，3 室是 Mr. & Mrs. M. Nicole，4 室是 J. W. Moss；总计这些门牌号一共 15

个，与《申报·上海之公寓下》中的报道完全吻合。那个在建设中的亚尔培路角公寓，和现在的梅谷公寓在层次上有一层的差别，这个或者是《申报》报道上的错误，也有可能是建造时有所改变。从《申报》上也可以看到，这个公寓当时并没有名称，所谓"亚尔培路角公寓"一般是不大可能成为正式名称的，仅仅是标明所处的地理位置而已，也说明当时还没有取名。1935年8月出版的《中国建筑》第三卷第三期第28页登载了这幢公寓的照片，照片下印着两行中文："亚尔培路辣斐德路梅谷公寓""华盖建筑事务所设计"。

由于这幢公寓相对来说是较小的，因此在《字林西报·行名录》或中国征信所出版的《征信工商行名录》中，"大楼索引"栏目中难以看到其名称。但在《字林西报·行名录·上海街道》栏目中，可以见到该公寓的名称和某些年份的部分住户名单。比如1936年的记载是："（亚尔培路）372 Mico Apts."，管理人（英文Capt.是Captain的缩写。在《征信工商行名录》中，说明该词的意思是船长、队长。我认为用在这里，管理人应该更恰当些）E. Ferrazzano，1室住户 R. Ungern，5号住户 C. D. H. Bottelier，8号住户 A. Szentivangi；1937年只登载Capt.；1938年住户是一对夫妇：Mr & Mrs N. E. B. Olofsen；1939年住户是 B. Poliansky；1940年也只有这个住户登载，但增加了所住的"14"室号；1941年，372号增加了"16室"住户名称：A. Marinaro；在亚尔培路378号下，也出现了"Mico Apts."名称，其中11室，住着 Mr. & Mrs. L. M. Korotkevitch 以及 Miss T. Korotkevitch。此后因为太平洋战争的爆发，这些书籍不再出版，因此不知确切的人员变化。

梅谷公寓陕西南路街面

梅谷公寓复兴中路街面

梅谷公寓（Mico Apartments）层高四层，占地面积806平方米，建筑面积2 287平方米，混合结构。整体呈现不对称格局，正面转角部分，开间较大。大楼沿着今复兴中路和陕西南路两侧建造，复兴中路一侧较高些，基本上属于平顶类型；窗户之间的隔墙有些宽窄不一，有些是现在所为。四层靠西侧开一个较大的窗户，与下面设置有所不同，这个原来就是这样。陕西南路一侧要宽一些，也稍微低了一些，在北段转角处又与中部同样高度。如果单从这一立面上看，呈现对称格局。窗户设计在四层却不一样，除中间设置三个墙体外，其余是敞开式的。（今天都安装了玻璃窗，原先的建筑照片有些模糊，复兴中路一侧看似没有玻璃窗，但是从上下部分的凸出横条以及实用性来看，应该要安装玻璃窗。）二层外墙为咖啡色，三、四层使用棕色面砖装饰。底层原来是浅色大理石墙体，中间有一条细的线条，应该是上面突出部分所形成，不是特别添加的线条。现在改为质地为水泥（或砖石），浅褐色细粒外表，中间凹槽使用金属属性材料，上下部分的外表装饰几乎平均分配，在浅褐色外表上有一条条细细的线条，加上转角装饰性图案，有点装饰艺术派的风格。那么这个建筑原先是装饰艺术派建筑吗？

　　所谓装饰艺术派，或称装饰派艺术，亦称"现代风格"，是起源于20世纪20年代并发展成为30年代主导风格的装饰艺术和建筑艺术运动。得名于1925年在巴黎举行的装饰艺术和现代工业国际博览会，在这次博览会上第一次展出了这种风格的艺术，也标志着现代主义的开始流行。装饰艺术派的名称在20世纪60年代才被提出，对其定义现在还有些不一致的地方。通常认为，装饰艺术派建筑的显著特点是轮廓简单明朗，外表呈流线型，图案呈几何形，或由具象形式演化而成。20 世纪 30 年代，上海也开始流行这种风格。但梅谷公寓除了轮廓简单明了外，其余并没有装饰艺术派的特点，似乎更接近于现代派建筑风格。

"现代派建筑"这个概念，现在似乎还是比较模糊的。从大的方面来说主要流行于 20 世纪 20—60 年代，时间跨度比较大，一些建筑师本身在建筑风格中还会发生变化。一般认为，欧洲的格罗皮乌斯、密斯、柯布西耶和美国的赖特这四个"巨头"是现代派建筑的代表。其中格罗皮乌斯的建筑风格就是构图的简单灵活、布局的实用、建筑材料便于大批量生产，其风格被后人称为"理性主义"或"功能主义"。密斯的主张是建筑要抛弃传统，以结构的真实面貌，而不是以外观或戏剧性的处理作为建筑的特征。建筑要工业化，坚持"少就是多"的建筑设计理念。其作品特点为拥有整洁和骨架几乎露明的外观，很少分隔的内部空间，简练而制作精致的细部。柯布西耶又译作科比西埃，1920 年与诗人德梅创办《新精神》刊物，抨击历史风格和当时流行的与结构无关的浮华装饰，捍卫功能主义和工业社会的新兴价值。1922 年秋季展览会中展出的准备工业化生产的西特罗昂住宅，表现了他所认为的现代建筑的五个特点：底层透空，只有柱子支撑上层；屋顶平台，可用作花园和住宅的一个重要部分；平面布置开敞；无装饰的立面；条形的窗，以保证结构框架的独立性。内部空间呈现明显的对比：高敞的起居部分和阁楼式的卧室。赖特并不十分排斥装饰，但强调建筑的整体效果必须和环境相结合。他从不认为自己是现代派建筑师，把自己的建筑称为"有机建筑"。就这"四巨头"的理念而言，他们在抛弃旧的建筑观念这一点上是相同的，对新的建筑都有自己的设想和实践，因此也有人认为

"现代派建筑"就是对旧传统的遗弃，用新材料，或新观念，或新技术，或两者及两者以上的结合产生新的建筑，在风格上往往是多种新观念的结合。有时某种建筑观念体现得比较多时，一般有更明确的建筑风格来区分它们。

在有些介绍西方现代派建筑风格的书籍中，由此将现代主义建筑分为新艺术运动、格拉斯哥学派、芝加哥学派、风格派、有机建筑、表现主义、结构主义和功能主义等。至于装饰艺术派，有人把它排除在现代主义之外，认为将"装饰主义建筑去掉了装饰，就是现代主义建筑"；但一般把装饰艺术派作为现代主义的一种。但是具体到上海的建筑，往往会把装饰艺术派建筑范围扩大。因此关于不少建筑的介绍，往往存在着不同的说法。

至于梅谷公寓，装饰艺术派风格没有占据主流，这幢现代主义的建筑似乎功能主义因素多一些。功能主义是20世纪20—30年代流行的一种建筑流派，主张建筑物应当严格符合里面所进行的生产和生活过程的要求，就是说要符合功能的要求。要求标准单元和标准住宅，建筑物立面朝街，首层要设立商店、银行和商业机构。建筑必须满足实用要求，同时还要求经济、坚固及美观。由于功能主义常常忽视当地的客观条件，从而使建筑形式流于单调。梅谷公寓本身位于两条道路的转角以及道路两侧，立面朝街不是一个理由。但该公寓充分利用了地块，几乎没有多余的装饰，首层基本上供商业使用；两侧特别是今陕西南路一侧四层处的敞开式部分，具有实用的功能。大面积的墙面贴砖，无疑在坚固建筑的同时，也使建筑稍微显得美观些，浅色的墙体增添了美观的效果。现在的装饰无疑是在将建筑导向装饰艺术派，即使有学者认为原建筑是装饰艺术派风格，整修时也应该按照最初时的样式去改造。或许那时没有找到原来的建筑照片，或许有着某些原因。期待以后整修时，尽量能按照原先的模样来进行，我觉得原先的建筑要比现在的美观些。

居住、使用者的变化和现状

梅谷公寓落成后，底层作为商铺使用，当时最大的店面在大楼主要转角——今复兴中路陕西南路处。地址是辣斐德路1180号，店名是宝仑大药房。有时在《申报》上做些简单的广告，新中国成立前夕一直存在着。后来成为医保定点零售药店——汇丰大药房，并扩展到复兴中路正面的1182号。要知道，上海汇丰大药房有限公司于2002年9月4日在徐汇区市场监督管理局注册成立，由此来看，这中间很长一段时间应该没有改变过用途，一直作为药房被使用着。因为药房占据了进出的主要通道，那时候楼上住户一般从大楼后面出入。现在转角处已经完全改变，从外表看改建成三个部分。靠复兴中路一侧设置了看似进出大楼的封闭式大门，模拟成电梯模样；中间是大块玻璃组成的橱窗，2019年初的时候，没有展示物品，放着一些杂物；另一侧是大面积金属质地的装饰性壁体以及看似门又似投递物品的建筑。这部分是在对称中展现出不对称，功能与装饰共存。门楣上与复兴中路1182号上面一样，已经不是汇丰大药房的店名。

梅谷公寓是谁出资建造，现在不是很明白。曾经有懋华营业公司经手出租事宜，在一些报刊中有所记载。据《字林西报·行名录》：1941年时，亚尔培路388号住户是懋华营业公司（Mohua Investment Co.），该公司的规模因资料较少而难以断定。房产经营如果不是该公司的全部，至少也是比较重要的一项主业。1934 年 11 月，一个叫顾宪章的律师代表懋华营业公司反对天成杂货号出盘北四川路 816 号、818 号门面店基。当年 4 月 21 日天成与懋华订有租约，规定三年租期内不得把房屋顶出去。顾律师发表意见的时候，天成号还欠着懋华公司三个月租金六百大洋。在这样的情况下，天成号未经懋华营业公司"书面同意，竟自擅行登报出盘门面店，殊属不合，除请贵律师代为严重反对外，即请依法诉追欠和并声明保留租约上所赋之一切权利"。1935 年 4 月 17 日，懋华营业公司在《申报》上谨启："英界慕尔鸣路梅邨二楼双间住宅出租。"公司地点那时在九江路 113 号。值得注意的是该公告中说："沪上唯一的高尚住宅，新正竣工。现已租出四宅，尚余八宅，欲租从速。"当时慕尔鸣路（今茂名北路）的梅邨地址为 108 弄、118 弄和 128 弄，均各有四幢连体住宅，总共十二幢（现为茂名北路 112 弄南起三排住宅）。这些住宅不太可能是懋华营业公司买下来后再出租，应该是懋华公司出资建造。

在梅谷公寓的出租方面，也曾发生过一些事情。1937 年 4 月 30 日，宋允惠律师代表懋华营业公司在《申报》上发布《警告郭庆恩启事》：郭庆恩向懋华公司租赁"亚尔培路第三八六号、第三八八号房屋开设复康永木器号，迄今积欠租金计国币九百元，屡催不付。不料本月廿九日突然不知去向，为此委托贵律师代表登报警告，限于三日内理楚，否则即将所遗物件拍卖抵偿，不敷之数，请依法诉追等"。翌日彭学海律师代表复康永洋货木器号在《申报》上刊登《宣告清理启事》，声称该号迭受市面影响，营业清淡，周转困难，再四张罗，实在无法维持，因此宣告清理。望各债权人于本月十五日前持凭证登记，以便汇核摊偿，逾期即作为放弃债权看待。十七日及十八日上午十时并下午二时半在388号拍卖了该住宅屋内动产：织绒地毯、油画、玻璃台灯、缎面全套沙发椅、写字台、书橱、摩登大菜间式银器厨等。据此可知，该两处住宅曾经由复康永洋货木器号租赁实业，拍卖之后388号一度记载是懋华营业公司，386号在1941年是 S. Rosenstein 个人名称，1946年时分别是福林搪瓷厂、中美食品店。2018年底，途经该地，只见386号玻璃大门上贴着"美味Q厨"，门楣上面的装饰已经完全掉落，一番日暮西山的光景。388号左侧的 Lizzy's All Natural 和绿叶标志，显示这里曾经是利姿蔬果昔连锁店之一。右侧的玻璃大门紧锁着，门上还有着英文 BREAKFAST（早餐）、LUNCH（午餐）和 DINNER（晚餐）的贴纸，应该也曾开过吃食店，如今连租赁两字也残残破破的。玻璃大门左边所标识营业时间上下也不一致，里面空空荡荡，看来是在等待新的主人入驻。到了今年阳春三月，再次路过，只见这里仍然还是一番老模样。

值得注意的是，这两间门面店出租方都是懋华营业公司。连同1939年4月发生的事情来看，这对于寻找建造者或许有点价值。1939年4月27日《申报》上登载了这样一条新闻《房屋租约期满 诈欺出顶 二房东被控》，内中说道：广东中山人王德兴延请沈荣华律师，在特二法院刑庭发起诉讼，控告前在亚尔培路三七六号，现迁静安大楼三三六号中外图书公司主人盛际唐、亚尔培路辣斐德路口中法大学图书馆主任施秉恺两人共同诈欺。事情是这样的，3月10日，王德兴从《新闻报》上看到出租房屋的广告后，就和施秉恺联系，见面后，被告告诉他：欲出租的房屋就是"亚尔培路三七六号，是向懋华营业公司租赁，每月房租一百二十元，租期至明年十月"。王德兴信以为真，议定顶价1 670元，先付定洋100元，到了3月22日订立契约，先后交付完顶费。由于王德兴认为在租房方面占了便宜，因为按照120元一个月的话，剩下的租期是18个月或19个月，即使是18个月，也要付2 160元，所以在商定期间，被告要求"勿被房东得知顶屋之事"，王德兴完全照办。3月底被告方迁出后，4月初王德兴迁入，4月下旬接到懋华方面的收费通知，这时王德兴才向"大房东查询"，得知原先的租约是到当年4月30日到期。这个官司我们不去管它，从这起案件中可以看出376号的大房东是"懋华"，因此，就算懋华营业公司不是梅谷公寓的唯一出资建造者，至少也是出资建造者之一。而376号在新中国成立前夕曾是立德尔咖啡馆，据称后来成为一家琴行；旁边的374号先曾设立过一个抗菌药公司（Antimould Co.），后又成为A. Marinano裁缝店。现在这两家门面已经合二为一，门设在转角，店名"汉源汇"，是著名摄影师尔东强开设。原先在绍兴路27号，称为"汉源书店"，1996年开张，是当年大上海第一家咖啡茶座+书店。当时不仅吸引了众多读者，也成为文化人和明星抵沪时常常光顾的场所。其中，张国荣的到来最为人们所熟知，摄影师夏永康为他拍下的那张在汉源书店看书的照片，更是成为经典，广为流传。汉源书店逐渐成为上海文化人心目中的文化地标。由于租约到期，房东不再续租，2017年12月26日停止营业。书店方面在感谢读者多年厚爱和支持之余，还把原绍兴路的读者服务部暂时并入陕西南路374号汉源汇。这里入门处挂着张国荣的宣传画像，房屋中间立柜和平柜上放着中、西文的图书、画册，周边是临窗的喝咖啡的小桌子，真是休闲的好地方，有时也做些套餐。二楼周边墙上，挂着尔东强先生的摄影作品。今年3月所见，所摄的大多数是一些上海装饰艺术派建筑。这里对大众也是开放的。

1938年，382号曾作为宁绍人寿保险公司临时办事处，在很长时间内与380号一同是国际公证拍卖行行址。国际公证拍卖行在《申报》上的拍卖广告始见于1937年3月20日：准于22日上午十时及下午二时半，在愚园路六六八弄二十七号住宅内拍卖川堂书楼大菜间、写字间、卧室上等家具以及红木琴桌套、茶几、花架等。从许多次拍卖中可以了解到，该拍卖行除了拍卖住宅外，还拍卖与住宅有关的物品。1937年底后，该行举行拍卖的消息不再出现。到了1942年5月19日，突然又冒了出来，而且也清楚地说明这时行址在亚尔培路380—382号。那天广告：国际公证拍卖行，准于二十日下午二时半在亚尔培路三八〇—三八二号（辣斐德路口）本行内，拍卖冷饮室用双眼及三眼电气冰淇淋箱、大批玻璃面长方台、长椅子、单背椅、玻璃糖果瓶、玻璃柜、书橱、五斗橱、脚踏车等。如今前者的门楣上有四个汉字"瓷艺臻藏"，顾名思义，是出售精美瓷器的商店。2018年底，还能看到点生气，临街橱窗能看到不少器型较大的青花瓷器。2019年3月，大门上方贴着租赁的残字，已经不再经营；透过玻璃，望进去是灰蒙蒙的，等待着的是什么命运，对"瓷艺臻藏"来说不言自明。后者的上面是外文"Puppy Cubby Cafe"，是亨达餐饮管理（上海）有限公司所申请注册的商标，用于住宿和餐饮。陕西南路的那一家应是一个加盟店，以供应咖啡为主，同时提供些其他小甜点。人气还是有一点，中午时分有点忙碌。

那些楼上的住宅，从已知的人名看，原先外国人比较多，经过几番变化，如今早已是沪人的居所。居民可从复兴中路 1184 号、陕西南路 378 号和 384 号等进出。

这幢公寓，在房屋上看不到称呼，在公寓中也算比较小的，但特点非常明显。也许属于何种风格，会有不同的看法，但是说它比较优秀和有一定特点还是不可否认的，因此在 2017 年 4 月 27 日，它被徐汇区文化局公布为区文物保护点。

从影院到剧院：上海大戏院的前世今生

吴志伟

　　上海是我国电影放映的发祥地和重要中心，开埠后逐渐有一些影院陆续建造。初期在虹口、闸北一带比较多，后来租界内也逐步增多。特别以西藏路为中心的一带，一度建造了不少影院，在数量上占有上海全部影院的三分之一，不少第一流的影院建造在那里。而在今徐汇区一带影院很少，曾有一个 1939 年 6 月 4 日开幕的杜美大戏院（今东湖电影院），进入到 21 世纪，原址即被改建为上海地产大厦。于是如今还存在的上海大戏院就成了唯一的新中国成立前所建的一个公共影剧类建筑，只是无论是功能还是建筑本身，都有过不少的变化。

命运多舛的初期与话剧演出

　　1939 年，上海法商影业公司、太平洋行经理与苏联人芦古文合伙投资，计划在那时的辣斐德路靠近亚尔培路（今陕西南路）处建造一座大戏院。那个时候已是上海"孤岛"时期，因为战争的缘故，建造过程非常漫长。经过三年多，1943 年 2 月 3 日，投资者在报刊上发布广告，自称：亚尔培

海上新銀府

新年開幕

銀光大戲院

第一流聲光設備

—亞爾培路辣斐德路—

最新完成國片影院權威

上海影院公司
—管理—

银光大戏院广告
（1943 年 2 月 3 日）

路辣斐德路银光大戏院，"鸠工筑造三年，姿态美奂美仑"，
"第一流声光设备"，"最新完成国片影院权威"，"海上新银
府，新年开幕"。可实际上，银光大戏院不仅没有如期开幕，
后来的五个月内竟然没有放映过电影。

在这期间，影院方面也没有闲着，开始考虑向另一个方
向寻找出路，那就是话剧演出。上海沦陷后，美国电影无法

上映，国产电影中心西移重庆，职业、业余剧社风起云涌，就是在这样的社会背景下，一度是精英文化的话剧开始向大众文化过渡、合流，于是使得看话剧成为上海最时髦的文化消费。抗战期间，在上海从事话剧和学术活动的宋淇曾说："原因很简单，因为好莱坞的电影没法来了，可是老百姓要娱乐，惟一能代替电影的是话剧。"这是一个因素，另一个因素是：话剧给上海市民带来的乐趣是多方面的。除了戏中的世外桃源景象、男女主角缠绵悱恻的爱情故事令人着迷外，他们在剧场里讨论着演员的演技、台词和扮相，演员们的穿着打扮也成为他们模仿的对象。著名演员黄宗英曾说："上海的富家小姐太太们是买票带着裁缝来看戏的，看完我演的戏，一下子上海就时兴起毛线套装和斗篷来了。"

话剧的演出已经有了不错的受众基础，即便如此，如何选择剧本和演出人员也是一个需要考虑的因素。怎样引起人们的大量关注也是要考虑的，特别是在几个月都没开张的情况下。银光投资者开始了为期一个多月在《申报》上的广告投放，这个广告以带有悬念，并采用逐渐"抖露包袱"式的方法，应该说是比较吸引人的。初期是"女人！空前坚强阵容，空前豪华演出，一切一切……都是剧坛新纪录，将演出于本埠最华贵新剧院"，从 1943 年 5 月 30 日至 6 月 7 日，天天如此。6 月 8 日起，广告词稍微有些改变："女人！空前大贡献，钢铁阵容，豪华演出，将演出于本埠最华贵新剧院。"6 月 11 日起，改为"女人！全体女性演出，将演出于本埠最华贵新剧院。剧坛女性，网罗殆遍"，透露出演出人员全部为女性，而且是剧坛上最优秀的女性。6 月 29 日："女人！如此阵容，千载难逢"，并爆出"孙景路、冯喆、小凤、王祺、李静、徐慧、蒋天流、小菡、雪曼、戴耘、夏韵、兰滴、上官云珠、林榛、柯刚、李莹、蒋琳将演出于本埠最华贵新剧院"。有些演员我们现在已经不熟悉，上官云珠那时是很有名的，而在话剧方面，孙景路那时比上官云珠要有名得多。孙景路原名孙肇新，原籍上海，1923年生于长辛店，后来迁居汉口。1937年抗战爆发后，上海中国旅行团赴汉口演出，刚从汉口懿训女子中学初中毕业的她，"在一时兴趣下，便决定放弃书本生涯"，经朋友介绍加入了"中旅"当演员，改名孙景璐（后又改名孙景路，现一般称其为孙景璐），开始了她的演艺生涯。此后，先后得到欧阳予倩、唐槐秋、费穆、黄佐临等戏剧前辈的指点，演艺飞速进步。1940年，应上海金星影片公司邀请，在影片《秦淮世家》中扮演阿金一角。孙景璐的表演令人瞩目，片约不断，于是又在《孤岛春秋》《红杏出墙记》《国色天香》等影片中担任角色，成为红极一时的影剧两栖明星。上海沦陷后，告别影坛，重返话剧舞台。《申报》上的广告，1943年7月2日始登出话剧《女人》在辣斐德路亚尔培路口的上海大戏院演出，演出时间是7月4日。由于冷气设备发生了故障，延迟到7月9日晚上八时正式上演，上海大戏院也算是开张了。

《女人》宣称"筹备半年，万金巨制"，是"三幕九场高乘喜剧"，演出时间达一个月。开始时每天日夜两场，到第五天开始，连续四天每天一场，这恐怕是演员的身体受不了了。国家一级演员、"话剧老大"乔奇曾说："当时话剧可以连续演一两个月，而且当时职业剧团每天要演两场，后来到底演员身体吃不消了，改为一星期十场，周三、周六、周日加一场。"《女人》剧组当时就是这样，在7月20日（星期二）日夜两场演出时，当日的广告已经宣布：以后周

三、周六、周日每天两场，分别为二点半、八点；其他日子只演八点的夜场。票价分别是十元、廿元、卅元，从票价和座位等设施来看，应该是一个二等的剧场。在该剧结束后，有夏威夷歌舞团演出的《歌舞》，8月24日演出贡正宇、杨黎编剧，方君逸、胡导导演的话剧《大鹏山》，这是一个侠客类话剧，演出到9月23日，以后就宣布"排练新戏，暂停数天"。从当时的广告来看，接下来应该演出悲剧《罪恶之花》，但是实际上上海大戏院处于停演的状态。真正的内情是当时《大鹏山》演员一方提出了加薪要求，遭到上海大戏院老板们的拒绝。演员们准备罢演，大戏院老板打算推出新剧来施压，结果虽然没有罢演，但也没有达成继续演出的协议。当时在某刊物上有这样的说法："（华艺）几至罢演《大鹏山》。现自《罪恶之花》起，'华艺'与'上海'脱离，现已告解散了。"这事虽然没有得到妥善解决，但是华艺剧团没有解散，《罪恶之花》也没有上演。9月30日起，张慧冲（艺术）大剧团"表演惊人技术"，实际就是杂技一类的艺术表演；10月10日，华艺剧团开始演出曹禺原著、戴旭导演的《原野》话剧。演出场次的安排是有点让人吃惊的，在《女人》演出时，基于连续两场使得演员体力不支而基本形成了周三、周六、周日两场，其余一场的认识，而在《原野》演出时根本没有考虑到这个因素。先是连续四天日夜两场、两天各一个夜场后，又是连续三天日夜两场、一天夜场；此后一天是周三，才开始实行周三、周六、周日两场，其余日期一场的演出模式，直到11月2日演出完毕（为筹募福利基金，11月7日早晨加演一场）。这在一定程度上说明《原野》是比较受欢迎的，虽然这是一部比较有深意的作品。关露是20世纪40年代上海文坛比较有影响的女作家、中共地下党员，她用"兰"的笔名撰写的剧评集中发表在《女声》月刊上。其对《原野》如此评价："这是一个多么英勇而悲壮的故事。像这种近于人情而真实的故事，本来是不算一件奇事的，一个有血性的人本该如此。人间有恨才能有爱，不自由，莫如死。不过现在'世道衰微''人心不古'，竟有许多愿意苟活偷生，只要链子上嵌镶了珠翠跟宝石，锁在链子里边过活的也是好人。看了《原野》之后，这些人也许会有一点惭愧么？"即使是一部受欢迎的话剧，对演员来说，这样的安排也是很考验人的。《原野》中人物只有六个，分别是金子（焦花氏）、仇虎、白傻子、焦大星、焦大妈、常五，由孙景璐、仇铨、仲夏、吴漾、高亚伦、吴纯真和冯泌饰演。人数少了，分担到个人的演出量就大了。除了焦大妈开始由高亚伦、吴纯真两人分别扮演外，其余都是独当一面，孙景璐、仇铨和仲夏（高亚伦除外）一直到演出结束，都没有换过人。11月4日开始"好莱坞作风，流线型闹剧"《多夫宝鉴》的演出，所谓流线型，就是很轻快、很明朗的调子，很明快的节奏；12月8日至26日华艺剧团演出讽刺性话剧《化学博士》；30日开始演出奥尼尔原著、元武编剧、黄佐临导演、孙景璐领衔主演的《田园恨》。1944年1月21日，新春大会串演出古巴编导《陈白露》和曹禺编剧、黄佐临导演的《正在想》，一直持续到2月24日，这也是旧时上海大戏院最后的一场话剧演出，随后开始了电影放映。

电影的放映与特点

1944年，是话剧最繁荣的时期。中国戏剧理论家、教育家、剧作家顾仲彝曾说："电影院亦争着改为剧院，上演话剧。胜利前一年是话剧演出最旺盛的一年，最多有十三个戏院同时上演话剧。"由于一直合作的华艺剧团在该年2月解散，上海大戏院转而开始了电影放映。

从1944年3月18日首映电影《步步高升》，至1949年5月26日放映最后一场影片《女勇士》，这期间总共放映了443部（不包括放映时附加的小片）。在放映的这些电影中，有些是上下两集或首集续集。这类影片的放映有三种情形：一种是上下集一次映完，比如1944年4月1日的《秋海棠》、5月11日的《家》，1949年4月29日的外国战争片《血战红蛮二千里》、5月3日的外国武打片《大破毒气王》等。第二种是先放上集或首集一段时间，接着再放下集或续集，比如1944年5月31日放映《双珠凤》上集，6月2日放映下集；1948年1月13日放映《黑旋风》首集，1月16日起放映续集；1949年1月9日放映外国科学理想战斗片《海底电国》上集，1月18日放映下集。另外一种放映安排比较特别，第一场、第三场放上集，第二、第四场放下集；1948年3月24日放映的《黑面虎》就是如此。这与第一种有点类似，但是给观众有选择的余地，可以看一场，也可以看二场，一般来说，这类电影时间比较长一点。如果将第二种中的放映两部并为一部计算的话（其他上下集的放映均算作一部），总共放映了437部。其中国产电影包括伪满影片144部，外国片268部，尚无法确定的25部。

上海被日伪控制后，国产片的放映成为主导。因为英、美等国已经是日本人的敌对国，英、美等国影片不可能再出现在上海的影院中。但是日本占领租界后，为了显示上海仍是一个"国际都市"，除了对中国人所办的各行各业不许其中断外，百货公司、戏院、舞厅任其照常营业。对被占领区的中国人，入侵者采取了怀柔政策，制造"王道乐土"的假象，对于本土的抵抗文化，只要是不强烈的，也未刻意打压，而对不直接反对他们的文化活动更允许其存在，装点歌舞升平的局面，并扶植汉奸文学。上海的名中医陈存仁回忆："租界上的一般市民，反觉得安定下来。这是日本人一贯作风，凡是占领到一个地方，就用这方法来安定人心，我们一般居民的恐怖感也逐渐逐渐消失了。"在这样的环境下，上海大戏院放映的电影内容多种多样，其中有几部还是不错的，比如《十字街头》、《夜半歌声》（均 1937 年出品）、《木兰从军》（1939 年出品）、《家》（1941 年出品）等。武侠、古装、侦探等电影放映的比较多，并放映了一些满洲映画株式会社（伪满政府建立，实际控制者是日本关东军，简称"满映"）拍摄的电影。特别是在 1944 年 12 月 29 日起放映所谓"中日合作"，实际为伪"华影"制作的《春江遗恨》，影片描写英、美侵略东亚历史，宣扬要"发扬东亚人保护东亚精神，以同生共死、共存共荣的大信念，强调对付共同敌人（英美）的意志"；为日本侵略者鼓吹"大东亚共荣"的宣传张目。

到抗战胜利后，外国影片开始进入上海，上海大戏院最早放映的外国片是苏联战斗巨片《南方大胜利》（1945 年 9 月 3 日），以后陆续有美、英等国影片的放映，到后期美国影片放映得比较多。

影片放映的安排，通常情况是一周两片。有时因片源和放映效果的关系，有的影片只放映一天，最长的则放映十三天。比如 1946 年 3 月 6 日至 18 日、1947 年 12 月 3 日至 15

日，分别放映美国故事片《夜女郎》《一千零一夜》。初期每天常常是三场，上午一般不放映，逢周日早上会加一场。上海大戏院有一段时间是一天两场，也有放映五场的情形。大致上可以抗战胜利为界限，之前一般两三场，之后三四场，而1947年后，基本上以四场为主。

对于旧上海的电影院，一般谈及其层次，往往以首轮、二轮、三轮等来区分。通常理解为一部影片首先在头轮影院放映，然后再到二轮去放映。如果是这样的话，这种区分对于处在国家或区域稳定时期、涉及的影院又与其他一些影院有一个联合体的时候是比较合适的。单单的一个影院，有独立的经营权，它也可以租一个新的影片来做首映；或者为了节省成本，放映很久以前的影片，那就没有办法以轮来算了。上海大戏院曾在1946年4月21日至25日"首轮献演苏联音乐歌唱巨片"《红豆青鸟》、7月3日至9日"首轮献演苏联巨片"《比翼长空》、1947年3月19日至21日"献演武侠首轮巨片"《神枪手单骑救美》。而在1946年8月24日《申报》广告中提到：本市各电影院响应救济苏北难民，在25日（星期日）上午十时半加映一场，所加映的电影即当日各电影院下午所映之片。其中，"头轮，大上海、大华、沪光；二轮，上海、杜美；三轮，西海、东海；四轮，蓬莱"。从24日11版、12版广告看：大上海放《沉渊》，大华放《义犬葬主》，沪光放《贼头鬼脑》，上海放《有情人竟成眷属》，杜美放《大侠翻山虎》，西海放《大破秘密党》，东海放《神鞭大侠》，蓬莱放《轰天大盗（上集）》。按照通常理解，西海放映《大破秘密党》之前应该有两个影院放映过，但实际上却不止。1946年4月13日—21日，沪光首映；5月26日—29日，丽都次映；7月12日—16日，民光放映；7 月 18 日—22 日，上海放映；8 月 23 日起，西海开始放映该电影，算起来是第五轮了。上海大戏院作为二轮，放映《有情人竟成眷属》，应该之前有一个影院放映过，可是这部"苏联歌唱爱情巨片"，查不到在别的影院放映的记载。我觉得在某段时期，有过根据影院的建筑规模、设施、外观、舒适度等方面形成相对应的轮次的现象。由于轮次顺序与各影院的层次比较相称，人们自然而然产生了等级上的观念并固化下来。日本入侵之后，电影放映的轮次产生了混乱，轮次与等级的顺序也对应不起来。比如 1944 年 2 月 26 日，国产滑稽片《步步高升》在美琪、新光首映；3 月 5 日起，在大光明、沪光次映；3 月 11 日起，在南京、大上海放映。大光明成了二轮，大上海成了三轮。抗战胜利后，虽然有所恢复，但不是非常严格了。那时的"轮"理解为等级或许更为合适，并不以放映某电影先后为定，上海大戏院那时就是一个二等的电影院。

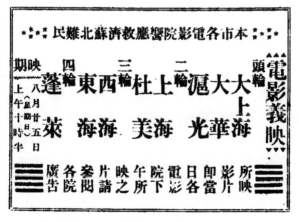

刊登在《申报》上的电影广告（1946 年 8 月 24 日）

新中国成立后的变化与电影放映

上海解放后，该戏院并没有关闭，从当时的《新闻日报》等报纸上可知那时所放映的部分电影。初期放映的有美国歌舞片《丽日春宵》、苏联故事片《列宁在一九一八》等，这些都没有配音，而是采用字幕的方式。后者曾在20世纪70年代配音后成为一个很热门的电影，其中一些话常常被人们引用或说着玩，如"面包会有的，牛奶也会有的"等。还放映一些旧时的电影，如故事片《花溅泪》、上下集侠客片《大侠翻山虎》。1950年放映过《大雷雨》《锦绣洞天》《鬼面具》《相思树》《健美儿女》《海狸历险记》《彼得大帝》。1951年放映的部分影片有《大战海南岛》《武训传》《珠江泪》《团结起来到明天》《民主新德国》《翠岗红旗》《勇敢的人》《虎将》《世界青年访华记》等。这年至少有两个变化，第一是有头轮、二轮影院、全沪三轮的出现，上海大戏院为二轮影院；其次，影片的内容单从名称就可看出比较积极向上。1952年至1955年间，有《辽远的乡村》《山地大战》《光芒万丈》《走向新中国》《和平一定在全世界胜利》《我们坚持和平》《第三次打击》《圣诞节的前夜》《丹娘》《智取华山》《钢铁是怎样炼成的》《白毛女》《锦绣河山》《渡江侦探记》《山间铃响马帮来》《赵一曼》《游击队员之子》和《两亩地》（译制片，上影译制，获第八届国际电影节"争取社会进步奖"）。这段时期，除了影院轮次的取消，还拍了不少至今看来仍比较受观众欢迎的电影，而且译制片也开始出现。另外一个现象是放映场次增加了，比如《丹娘》《游击队员之子》一天放映七场。这个不是因为影片比较短，主要是增加了上午的场次。

1956年1月18日，该影院由上海市文化局代管，改名为上海电影院。从那时起至1960年初期，所放映的电影除了苏联故事片《球队远征记》《牛虻》等，还有一些国产片，其中比较著名的有《董存瑞》《侦察兵》《铁道游击队》《海魂》《古刹钟声》《青春之歌》《林则徐》《今天我休息》等。

1960年7月1日，放映大型纪录片《东风劲吹》，美琪、大上海、上海音乐厅同时放映。从这时起到1966年10月2日，放映过不少在观众心目中有影响的影片，如彩色戏曲艺术片《杨门女将》《马兰花》《小刀会》《柳毅传书》《李双双》《燎原》《红日》《冰山上的来客》《满意不满意》《农奴》《霓虹灯下的哨兵》以及舞台艺术片《东方红》等，但是放映的方式常常是上海许多影院一起放映。如1963年10月1日，天马电影制片厂出品的故事片《红日》在上海、大光明、沪南、蓬莱、淮海等16家电影院上映；1966年1月4日，大光明、国际、东湖、长城、沪西、大上海、上海音乐厅、上海电影院等26家电影院放映彩色舞台艺术片《东方红》。1966年10月2日，上海电影院放映彩色纪录片《毛主席接见红卫兵和革命师生》，有30家电影院同时放映；在另外场次放映《毛主席第三次接见百万革命小将》，也有另12家同时放映。之后，报社被冲击，所谓的"革命"越演越烈，影院也开始停止放映。形势稍微好转时，曾放映过一些老故事片，由于离当时我的住处和就读的中学比较近，除了周日自己去看外，学校有时也组织观看。依稀记得放映过《战上海》《海鹰》《红日》《地道战》《地雷战》等，有些是打着"批判电影"的名目放映。之后在很长一段时间内，只有几个样板戏轮流着放映。

上海大戏院的重生

由于经过了不少的岁月，上海电影院终因年久失修于2011年正式停业。接着由如恩设计研究室进行室内设计和建筑改造，设计团队成员有郭锡恩（主创建筑师）、胡如珊（主创建筑师）、曹子娥、Tony Schonhardt、赵磊、黄永福、吕逸飞、Nicolas Fardet（产品设计部门高级主管）、陈晓雯、郭锡真（平面设计部门高级主管）、任四维、辛海鸥等。改造总面积845平方米，采用石材、金属和胡桃木等材料，设定的建设周期是2012年10月至2016年11月。

设计师认为旧建筑在过去的几十年中经历了数番改造，成了一座杂糅各种风格和功能的建筑。因此在设计上所面对的最大挑战是如何清晰且统一地重现这座历史建筑，让它为现在所用的同时，更具有成为一座地标建筑的潜力，并持久地存在于上海这座千变万化的城市。

建成后的上海大戏院很特别、很现代：整体上看，这幢建筑如同一块悬浮在地面上的巨石，坦然且紧密地嵌入相邻的建筑物之间。戏院的入口处和售票区向建筑内部推进，形成了一个半开放的公共广场。一层的内部空间带有弧形凹面的铜条装饰墙，有如旧时剧场的幕布一般。幕布的轻盈与剧场上层所用石材的厚重形成鲜明的对比，场景的戏剧感随着空间和光线的变化而不断增强。

上海大戏院2017年3月2日建成开放，据中新社一位记者所写："记者当天步入上海大戏院后发现，剧场在保留74年前框架的基础上'焕然一新'，给人以平静、庄严的体验：建筑外观如同一块悬浮在地面上的巨石，入口处半开放的布局模糊了剧场与街道之间的界限。屋顶上三口‘天井’引入的三道‘天光’形成了别样的景致，‘黑匣子’剧场所有的座椅可以随时收起，多种形式的舞台演出都可在此间实现。”上海话剧艺术中心及上海大戏院运营总监童歆表示：新生的上海大戏院将以传承历史的方式“走下去”。为了致敬历史，剧场选择了1943年曾登台上海大戏院的曹禺名作《原野》作为3月31日的开幕大戏。他还表示，将利用上海大戏院附近的文化广场、兰心大戏院、美琪大戏院等吸引观众；演出之外还会有很多活动、展览，将多元化的元素融合到剧场里。

也许是一个历史的误会，原本是影院，不得已而成为剧场，但大多数的时间内还是个影院。现在成为剧场，那就成为剧场吧，不要说成是一种还原。秉持历史的传承，选择《原野》作为开幕大戏，无疑是一个明智的选择。曹禺的名著，不但有思想、有光环，主要还是能够拿来进行改编。

同济德文医工学堂

李天纲

复兴中路 1195 号，是由在沪德国医生、工程师和华商、德商联合创办的同济德文医工学校旧址，其中的标志性建筑为上海理工大学复兴路校区至今仍然沿用的图书馆大楼。这幢大楼由上海倍高洋行（Becker & Baedeker）设计，砖木结构，1908 年开始建造。大楼的平面呈凹字状，三面围合，中间主楼入口处饰以罗马塔斯干圆柱，上接小阳台，再上覆盖弧形假三层顶楼。大楼正中屋顶最高位置是一座哥特式的钟塔，后来拆除。这座图书馆大楼看上去就是一座普鲁士式的学校建筑，仿照的是德国普鲁士机械工业学校。"同济"是 Deutsche（德意志）的沪语音译，有很强的德国特色。但是，如果不特意核查历史，今天的上海人很少会意识到这是一所德侨创办的学校，因为它从一开始就融入到上海的华人社会中，口号就是要与病人"同舟共济"。

1891 年，德国海军随舰医生埃里希·宝隆（Erich Paulun, 1862—1909）来上海，看到霍乱、伤寒、疟疾等疾病流行，并且缺医少药，就决定退役来上海开设诊所，为上海平民服务。当时在沪的德国侨民大大少于讲英语的英、美商人，但素质较高，大多是外交官、传教士、工程师，还有

同济德文医工学堂旧址（今上海理工大学复兴路校区图书馆　贺平　摄）

今上海理工大学复兴路校区图书馆走廊（贺平　摄）

不少医生、作家、科学家。按照 1890 年德国驻上海总领事官代理翻译福兰阁（Otto Franke）的描述："德国侨民虽然在人数上不能跟英国人相比——当时大概有四百到五百人，英国人的数目为其四倍之多。但是平均下来，德国人经济上的地位和个人受教育的程度都高于英国人。"（《两个世界的回忆》，转见吕澍、王维江《上海的德国文化地图》，上海锦绣文章出版社 2011 年版）宝隆医生萌生此想法之后，先回德国进修医学，提高外科水平，同时向社会各界筹集资金。于 1893 年再次来到上海，在上海英租界白克路（今凤阳路）德国教堂附近设立诊所，并与福沙伯（Von Schab）、克利（Ferdinand Krieg）、福尔克尔（August Voelker）和根格鲁斯（Richard Gerngross）医生一起发起成立了"德医公会"。公会是一个基尔特（Guild）组织，五位医生用合伙人制开诊医院，即名"同济医院"。医生与患者同舟共济，有慈善之名，医术也很高明，宝隆医生的名字很快传遍上海。

1899 年，"德医公会"一度营业不振，宝隆遂向华商实业界和在沪德国洋行、公司和商人求助。德国驻上海总领事克纳贝（W. Knappe）为了扩大德国在华影响力，也积极给予支持。他派参赞费舍尔（P. D. Fischer）与上海道协商。上海道台拨给张家浜新马路（以后定名为百克路，今凤阳路）一块土地，扩建同济医院。从这个意义上来讲，同济在初创时期，已经加入了华人因素。1900 年，同济医院获得了八国联军处理的一批药品，还有德军医院留下的不少医疗器械，医疗水平大大提高。此时，医院继续以低价，甚至慈善方式服务社会，赢得了沪上病家的信任。人们闻宝隆医生之名，弃中医，就西医，租界内外，乃至周围郊县的病人纷至沓来。宝隆医生恳请其他开业医生白天经营自己的诊所，

今上海理工大学复兴路校区图书馆内景（贺平　摄）

晚上到同济来加班动手术，即使这样，仍然应接不暇。于是，宝隆想到在医院附设医学堂，为上海培养华人医生。1906年，宝隆的倡议得到德国国内的支持，经回国筹款，书籍、器械和教具之外，还筹集到一笔钱，于是成立了一个专门基金会。

1907年10月1日，宝隆医生创办的"上海德文医学堂"正式成立，这一次不是德侨独资，而是德华合作。医学堂董事会董事中，除了德医公会宝隆、福沙伯、福尔克尔三名医生之外，还有安利、禅臣，美最时洋行的三位德国商人莱姆克、米歇劳和赖纳。让宝隆欣慰的是，朱葆三、虞洽卿等四名华商巨子也携巨资加入了董事会，表明同济真的是和上海华人同舟共济。中外合作，华商、德商介入，学费收入稳定，德文医学堂资金充裕，发展顺利。德文医学堂是中国最早独立开设的医科学校，同济之前，基督教圣公会同仁医院曾附设过一个医学班（1880年），后来归并到圣约翰大学医学部（1896年）。同济之后，湘雅医学院（1914年）、协和医学院（1917年）开始举办独立医学院。同济的德国医学、震旦的法国医学，圣约翰的英、美传统医学，加上后来颜福庆奠定的华人、华资、华营的上海医学院，如四足之鼎，令上海现代医学水平超过东京，稳居东亚首席。

德文医学堂以德语教学，注重基础理论，药名全用拉丁文，在中医仍然盛行的国度，他们草创出现代医学的全科教育，一切都筚路蓝缕。面对艰难，宝隆医生并不降低教学要求，生理、解剖、药理、护理等基础课程一样不少。为此，他们先开设了德语和预科教育，本科教育，宁缺毋滥。"十月开学，学生三十三人，内二十五人入三年制的德文科，其余入两年制的预科。一九〇九年（宣统元年）夏添设正科，学生仅五人。"（《上海研究资料续集·上海学校溯源》，《旧上海史料汇编》（下）上海书店出版社 1984 年版）悬壶济世，最忌庸医，一切从严要求，不在病家的腰包上打主意。同济第一届医科生仅招收 5 人，因毕业生质量有保证，信誉良好，学生蜂拥而来。上海的工科、医科教学质量提高，很多学生放弃了留日打算，或者从东京转学而来，至 1916 年，医学堂在校生 204 人，工学堂 271 人，加上附属技工学校生，全校共 567 人。（吕澍、王维江：《上海的德国文化地图》）1908 年，医学堂改名为上海同济德文医学堂。插一句闲话，德文医学堂早办十年，鲁迅也用不着到什么仙台去学医了。同样是德系，同济还更正统些。

　　和南洋、震旦、复旦一样，同济早期办学最大的困难也是校舍不足。按 1908 年入学的德文科学生朱家骅的回忆，医院"只有一所洋房，大约将近二十多间房间，此外，在院里盖有两幢铁皮的临时房子，作为三等病房，一起算来，不到一百多张病床"（朱家骅：《我回忆中的同济》，《同济的故事》，同济大学出版社 2015 年版）。白克路同济医院的面积不足以容纳日益发展的医学堂，在当时还没有划入法租界的西郊农田地区，宝隆医生以私人的名义购置了土地，用来扩建校园。1914 年，法租界扩张，这个地块被公董局收入界内管理，开辟为亚尔培路（今陕西南路）、辣斐德路（今复兴中路），才变得更加繁荣和整洁。宝隆医生辛勤筹建，为医学事业殚精竭虑，于四十六岁之壮年便因劳累而早逝。1909 年，宝隆医生去世后，他的同事福沙伯医生继任院长和校长，医院改名为宝隆医院，以纪念这位医师仁者。1942 年，日军占领期间，名字改回同济医院。1950 年，凤阳路医院院址被第二军医大学接收，改称为长征医院。

德文医学堂法租界校区的地皮，在宝隆医生生前已经捐出，且于1908年布置建造。同济医学堂的成功，令在沪德籍工程师也很兴奋，他们想仿照医学堂模式，加设机械等工科专业，建造一个工学堂。按德国的体制，机械工业学校须由地方上的邦政府审核。为符合德国的办学规范，上海德侨向普鲁士邦政府申请批复和支持。计划还得到了德国联邦政府的支持，要求驻沪机构支持。1910年，费舍尔根据德国政府乐见在上海建一座工学堂的想法，邀请科隆机械学校教师贝伦子（Bernhard Berrens）来沪筹建工学堂。对此方案，同济医学堂董事会中的德商、华商都表示支持，欢迎共建一所体现德国教育水准的高水平学校。（吕澍、王维江《上海的德国文化地图》）贝伦子能力很强，工学堂在德国的募款很顺利，很快便筹集到75万马克。一批高素质的德籍教师也随他来沪。于是，1912年6月12日新校址开张的时候，就多了一个工学堂，设立电机、机械两个专业。

同济医学堂由福沙伯任院长，工学堂由贝伦子任院长，语言教学的德文科（后来发展为文学院）则是德国中学教师出身的沈德莱（Anton Schindler）任院长，三个学院组建为大学，全校事务由三院院长联席会议"康拉妥里洪"（Koratorium）决定，大学的中文则合称为"同济德文医工学堂"。（朱家骅《我回忆中的同济》）众所周知，办语言、人文、社科和商科学校投资较少，收效较快；医科、工科花钱多，培养周期长。特别是因为工科需要实验室、机械设备、厂房设施，一般院校都裹足不前，最早开始现代工业化的上海也只有在江南制造局、轮船招商局的常年经费支持下办起了南洋公学。同济是当时民办学校中仅见的医、工科学堂。工学堂的加入，令同济实力大增。新校园内的各幢大楼，均按当时的高标准仿照德国普鲁士学校风格建造。同济的学费并不便宜，据朱家骅回忆，他入学时的学费，"每学期大洋五十元，加上每月膳食费五元，宿舍费两元，一切费用合计起来，和圣约翰大学相似，与当时留日学生的费用差来无几。到了第三年，又增加学费百分之五十，每学期要缴七十五元。在当时物价而论，是上海学费最贵的一个学校"（朱家骅《我回忆中的同济》）。高额的学费收入，令同济的校舍和教学质量与沪上较早兴起的圣约翰大学、南洋公学、震旦学院、复旦公学、中国公学相比，毫不逊色，声誉上也名列前茅。从当时的医学堂大楼，即现在仍然保留的上海理工大学复兴路校区图书馆来看，同济创建初期的建造标准和交通大学、震旦大学同时期的老校舍不相上下。

　　没几年，同济德文医工学堂就变得命运多舛了。1917年，法租界公董局不顾医工学堂是德华合作，为华人子弟所办的事实，借着第一次世界大战交战国的地位，关闭了处于界内的同济校舍，遣返德籍教师，没收教学仪器和设备，据为己有。此时，江苏教育会出面成立新的学校委员会，为学校继续开办计，斡旋于法领馆、公董局、教育部和德国各团体之间，后从江苏省政府申请到经费，保留同济的学校专业建制和师生队伍。曾任教育部总长，时任江苏教育会会长的袁希涛是宝山县吴淞镇人，毅然承诺将同济迁到家乡加以呵护。中国公学和海军学校在吴淞的校舍因停办而空出，袁希涛把校园租下来安置师生。同时，又积极谋划在附近建立新校园，重建工学院、医学院，加建文学院、理学院。如此洋洋大观，遂正式在教育部登记，称为"国立同济大学"。其实，这个"国立"乃是省立，因为是用江苏省的税款，由江苏教育会出面建立的。袁希涛从省政府筹集到 25 万两银子，再去德国募到大批器械和设备，自己则出任该校第五任校长。1924 年，"国立同济大学"的主楼完工，规模庞大，延续了医学堂大楼普鲁士式的风格，仍然是凹字楼，是上海各大学校舍中最雄伟的。此外，教学楼、实验楼、学生宿舍、教师宿舍，次第建造，都是美轮美奂。可惜，1937 年"八一三"抗战期间，日军盯住同济大学狂轰滥炸，德华合作办学三十年的著名学府，毁于一旦。

同济医学堂老楼所在的法租界校址，仍然用作工科学校，曾作为中法国立工学院、国立上海高级机械职业学校、华东工业部上海第一机器工业学校等。1983 年，学校改为上海机械专科学校。1993 年，改为上海机械高等专科学校。1996 年 5 月，与上海机械学院合并，成为上海理工大学的复兴路校区。1998 年 9 月，国务院机械工业部将此学校划归上海市，上海理工大学从体制上回归到一所用属地经费支持的地方大学。

复兴路上的"老同济"

钱宗灏

复兴中路 1195 号现在是上海理工大学复兴路校区。这处位于市中心区域的古老校园里，除了近年新修的一栋六层教学楼外，大致上还保存着一个多世纪前建成时的格局。百余年来它虽然曾接纳过多所院校的入驻，但仍有许多人只称它为"老同济"。

同济大学创办于 1907 年，创办时的校名是"同济德文医工学堂"。那是早在 1899 年，由埃里希·宝隆（Erich Paulun）和福沙伯（Von Schab）两位医师创立的上海德国医生协会就在上海白克路（今凤阳路）上开设了一所医院，取名为"同济医院"的缘故。关于"同济"一词的由来向有两种说法：其一是 Deutsche Hospital（德国医院）的沪语音译；另一说是因为医院收治病人不问贫富，有同舟共济之意，故名同济。我觉得这两种解释都有道理，关键是这个名称取得很好。行医，在中国人的心目中就是"悬壶济世"，是一种高尚的行为，所以这个"济"字是必须的；至于那个"同"字，或许真的是 Deutsche（德意志）丌头音节的谐音也未必。史料记载说同济医院最初开办时仅有两间瓦楞铁皮搭成的房子，由于宝隆医生的医术精湛，很快便在社会上

今日上海理工大学复兴路校区图书馆

昔日同济德文医学堂

赢得了声誉，大家都觉得他是个好人，许多人也就资助医院，向他捐款，于是同济医院又盖起了一栋两层砖木结构的楼房，一楼用作门诊部，二楼是有 12 张床位的住院部。医院的这幢楼房一直使用到了 1920 年才告拆除，在原址上新建了由著名建筑师邬达克设计的医院大楼，也就是后来长征医院的前身，这暂且不表。

到了 1906 年，宝隆和福沙伯医生的事业已做得风生水起。时任德国驻上海总领事曾力劝他们创办一所德语医学堂，一来可以使事业后继有人，二来亦可光大德医，因为当时的德国医学，尤其是外科方面已处于欧洲领先水平，对这建议，宝隆他们当然身体力行。转眼到了 1907 年初，宝隆医生用柏林德亚协会资助的一笔钱购入了医院对面原李鸿章的产业，即白克路 23、24、25 号共三栋西式楼房，兴办了专门招收华人子弟的同济德文医工学堂。他将东面的一栋用作德语学堂及教授办公室，中间一栋是医学堂，西面一栋用作图书馆、阅览室及对外接待室。我曾读到早期的校史记载中说，图书馆里有德国医生画的人体解剖图，当时全世界只有柏林和上海有这种挂图。这三栋楼房现在只存一栋，仍为长征医院在使用，此亦暂且不表。

草创了同济德文医学堂后，宝隆和福沙伯并不满意。他们觉得对于一所现代学校来说，校园实在过于窄小，没有操场不说，房间也太暗，不适合做教室，于是又寻觅到了今复兴中路 1195 号这块土地，计有 12 亩，当时尚属于华界的法华乡，且无道路可通。所幸得到了江海关的大力支持，拨款修筑了一条石子路供学校出入；南京两江总督院又选派了陆军小学和陆师学堂的 18 名学子来学。于是在 1908 年新校园里的第一栋宿舍楼建成后，德语预备班就率先入驻了，学生们有了出操及课余活动的场地。不料1909年宝隆医生在救治一位病人时因感染致命细菌去世，幸好福沙伯及时回到上海，义不容辞地竭力维持校务，才使得这所新生的医学堂渡过了难关。两年后的1911年，学校共有学生73人，其中德文科48人，医学预科22人，医学正科3人。同年9月，山东巡抚院又保送来学生7人入学。

再来聊一聊同济工科的由来。大约最迟不晚于20世纪初，随着德国工业的崛起，各类标有 Made in Germany 的工业制成品已经闻名于中国沿海沿江的各大城市，其品质上乘、扎实耐用的特性受到了中国用户的热烈欢迎。为了更好地占领中国市场，输出更多的德国制造，1910年德国工业及银行界人士召开了一次会议，会上发起成立了"中国德文工业学校筹备会"组织，募得了75万马克，于是他们计划用这笔钱在青岛和上海各设立一所按照德国制度建立的工业学校以培养人才。1911年，科隆皇家机械学院教授贝伦子（Berrens）受德国商业部的委托前来上海落实办校事宜。一行人经过全面考察之后，以德国人的务实态度，商定不再另起炉灶，采取与原有同济医学堂合并的方式组建一所新的学校，注入工科内容的课程，仍以同济冠名，称"同济德文医工学堂"。学校招收接受过初等教育，年满十四周岁的华人子弟，仍以德语为预备班，待学生语言课程考试合格后，再根据个人志愿升入医学堂或工学堂继续学习。贝伦子出任工学堂院长；福沙伯仍负责医学堂事务，兼授卫生学、药物学、内科学三门课程，校园面积也扩展至21亩。在办学宗旨方面，同济德文医工学堂是最早实行德意志制造联盟理念的现代学校，这同后来蜚声世界的德国包豪斯学校在许多方面有着相同或相似之处。譬如重视实践，注重培养学生动手能力，设有徒工学校、校办实习工场、自行发电供校园内使用等。这一切也同民国初年的中国社会民智渐开、新教育观和新实践观的流行不谋而合，因此愈益受到中国官方的支持，渐次发展成为一所与传统大学完全不同的新型大学。

大学的校舍是在数年之中陆续建造起来的。前面说到的一号宿舍楼建于1908年，是校园里最老的建筑；基础理论课教学楼和德语教学楼建造于1910年；从1912年到1914年，机电楼、后勤楼、教学大楼、健身房以及第二、第三宿舍楼相继建成，至1914年校园面积达到47.5亩。1916年由贝润生、周宗良、邱渭清捐款建造的第四宿舍楼也随之完工。整座校园的构思和布局均是以普鲁士皇家机械学院的设计方案为蓝图，建筑师卡尔·培迪克（Carl Baedecker）负责具体规划和建筑设计。校园落成时上海《德文新报》曾专门发表过文章描述这座同济校园的建筑群体："步入校园，首先看到的是工程技术学院雄伟的教学大楼，在教学楼对面是机电楼，楼内设有各种实验室、电机房、学生实习车间、铸造车间、锻工场和木工厂房；走过位于校门两侧的教学楼和机电楼便是设有教师阅览室的语言学校和两座在同济德文医学堂创办初期建造的学生宿舍。在整个建筑群的中间是一栋造型典雅的楼房，其两边分别写着'生理学'和'解剖学'的字样。在校区南端，坐落着宽敞的健身房和在所有建筑中规模最大的新宿舍楼，这栋宿舍楼可以容纳下两百名住宿学生。这些新造的楼房均为红瓦和红砖砌筑，与其周围绿色的草坪形成了令人赏心悦目的画面。"工程技术学院采用包豪斯的教学体制，学制为八年，前四年学习德语，后四年进入工程技术学院学习专业课程。1915年秋季学期有122名学生在语言学校就读，78名学生在工程技术学院就读。医学院学生中有162人在学语言，77人在学习医学基础知识或临床实习。为了培养合格钳工和装配工，这一年学校还办了一所可以招收20名学员的徒工学校，此外还有一所培训工段长和车间主任的学校，学制为四年。

然而这所1914年6月才全部落成的大学只开了不到三年便横生变故，由于第一次世界大战的原因，1917年5月法租界巡捕房查封了校园，随之又遭到了被没收的噩运。凡尔赛和约签订以后，校园有了一个新的名称——中法通惠工商学校。嗣后学校历经中法国立工业专门学校、中法国立工业专科学校、中法国立工学院、中法大学、国立上海高级机械职业学校、华东工业部上海高级机械职业学校、上海第一机器制造工业学校、第一机械工业部上海动力机械制造学校、上海动力机械专科学校、上海机械制造学校等历史时期。1983年更名为上海机械专科学校，1993年再次更名为上海机械高等专科学校，成为一所机械工业部直属的专科院校。1996年5月，经国家教育委员会批准，同属机械工业部的华东工业大学（原上海机械学院）与上海机械高等专科学校合并组建成立上海理工大学，当时设有14个学院、3个部、26个研究所，原上海机械高等专科学校校园遂成为上海理工大学复兴路校区。今天步入校园，你仍能发现那些红瓦屋顶上的盔形老虎窗，它代表了建筑的德国血统。

同济德文医工学堂时期的校园总平面图：

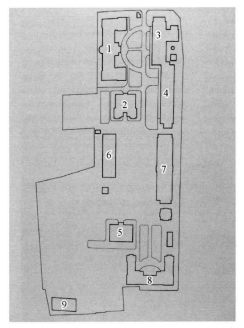

校园平面图

1 教学楼，2 语言学校，3 机械实验室，4 实习车间，5 医学基础知识教学楼，6 第一学生宿舍，7 第二学生宿舍，8 第三学生宿舍，9 健身房

位育初级中学的红楼

余佐赞

真应了"养在深闺人未识"那句话，复兴中路 1261 号的红楼，位于位育初级中学校园内，是学校的一座行政办公楼，和学校一幢幢外立面都是红墙的教学楼相比，乍看真是没有什么两样，可仔细观察，还是能发现红楼更加端庄、更加古朴，外形也更加像一幢花园式住宅楼。——这是一幢距今近百年的历史文物，其历史、外形还有内部构造确实和其他的外立面都是红色的楼很不一样。

红楼是一幢法式花园住宅，原来只是一幢住宅建筑。根据现存的资料显示，这幢楼是由 F. E. MILNE. L. R. I. B. A 于 1926 年设计，1927 年竣工。这幢法式花园住宅当时的门牌号是拉都路 250 号。拉都路筑于 1918 年，上海法租界公董局用了一位法国邮船公司的职员名字来命名，即现在的襄阳南路。1927 年的拉都路应该是在当时上海的近郊，就是到了 1935 年，拉都路的周边都还有不少菜地。1935 年 1 月 2 日萧红和萧军在拉都路 283 号住了一个多月后，后来搬到了拉都路 411 号，萧军给鲁迅的信中说了自己最新住处的景观，即一片青绿菜地，南面尽头还有一条臭水沟（即肇嘉浜），鲁迅还在 1935 年 1 月 4 日的回信中说："有大草地可看，

红楼北立面（贺平　摄）

红楼阳台（贺平　摄）

红楼屋顶（贺平　摄）

在上海要算新年幸福——"

　　红楼这栋法式花园住宅建成后，主要是供美国的侨民居住。这一带有美童公学，还有教堂，是很适合那些美国侨民居住的，甚至可以说是美国侨民的学区房。看早年留下来的两张珍贵的图片，一张是美国侨民一家站在红楼的南面台阶上的合影（住宅的南面是这幢花园住宅自带的草地），另一张就是红楼北面的一片大草地的图片。因为是清水红砖建筑，非常醒目，大家就称这幢建筑为红楼。新中国成立后，这幢建筑的命运一波三折，最后是完整地划归给位育中学。因为位育初级中学的门牌号是复兴中路1261号，红楼也就从拉都路"改嫁"到了复兴中路。

　　红楼的过去和拉都路是连在一起的。早年拉都路上的这幢红楼可以说是建筑恢宏，西式风格明显。这幢三层四坡顶和红色砖墙的花园住宅，设计吸收了西方传统中的显现气派的建筑元素。从南面看，这幢建筑以一个气派的入室台阶为中心，将整幢楼分成东西对称的两个部分；从北面看，入口大台阶上是中央拱形的雨棚。本来楼是两层的，底层是储藏等空间，一楼是正规的住处，二楼是书房等，现在一般都把底楼叫一层，这样这个房子就变成了三层的小楼了。

　　拉都路即今天的襄阳南路，是一条有故事的马路，除了250号的红楼，还有254号的培尔公寓即今天的襄阳公寓。1936年，在上海多处住过的巴金迁住到了拉都路306弄敦和里21号。襄阳南路的311号，不少人都传言说是蒋介石的住处，甚至直接说是蒋介石和宋美龄结婚后的婚房，不过却没有找到历史依据。1927年12月1日蒋介石和宋美龄结婚，当时轰动大上海，但结婚当晚，"在200名卫兵的保护下，乘专列火车到浙江莫干山旅游胜地，开始他们的蜜月生活。

然而蒋、宋的蜜月没有度成，列车到达杭州，就在张静江为他们举行的迎风洗尘宴会过后，蒋介石就收到了一份密电，他和张静江经过简短的密商遂赶回他们在杭州下榻处澄庐"（方永刚：《蒋介石传：从溪口到慈湖》，华文出版社2007年版），下野的蒋介石又被召回重掌大权了。所以说，传言311号是蒋、宋的婚房，似乎没有根据。不远处的徐汇区东平路9号，应该是蒋介石在上海的一处寓所。

襄阳南路（旧称拉都路）351号现在是萧军萧红旧居，作家萧红在《回忆鲁迅先生》一文中曾提到拉都路：

> 鲁迅先生的原稿，在拉都路一家炸油条的那里用着包油条，我得到了一张，是译《死魂灵》的原稿，写信告诉了鲁迅先生，鲁迅先生不以为希奇。

丁言昭在《萧红在上海事迹考》中，考证了萧红、萧军夫妇在上海襄阳南路住过的三个地方，分别是283号、411弄福显坊22号和351号。现在挂牌萧军萧红故居的是351号，就是他们1935年3月初搬过去的在拉都路上的最后一个住处。

如果没有拉都路（今襄阳南路），就没有红楼昔日的地段概念以及红楼的过去；如果没有位育中学，就没有红楼的现在和未来。

位育中学是上海市的老牌私立中学，说起这所中学就不得不说两个人，一位是穆藕初，还有一位是李楚材。没有穆藕初，就没有民办的位育小学和位育中学。穆藕初颇具远见卓识，在当时那么困难的情况下创办了位育小学。1949年后，位育中学在原来的校址上实在腾挪不开，于是校长李楚材等决定将位育中学从位育小学中搬出来，搬到了现在的复兴中路上。

穆藕初，名湘玥，江苏苏州东山人。1876年出生于上海，是一位近现代具有传奇色彩的工商界巨子，创办了厚生纱厂、豫丰纱厂等，被誉为"棉纱大王"。童年时家道中落，早年坎坷，十七岁丧父，但其立志学习西方先进技术。他英文很好，二十八岁就翻译英文著作，曾任龙门师范学校英文教员，也曾担任过江苏省铁路公司警察长。三十四岁时自费去美国学习农学，获得硕士学位。五年后开始创办纱厂，走上了实业救国之路。值得一说的是，穆藕初在美国学习期间，亲自拜访了科学管理法创始人泰罗（又有译作泰勒·戴乐尔），并把泰罗的著作翻译成中文《工厂适用学理的管理法》，1916年11月由中华书局出版。1932年1月28日晚，日本侵略者突然发起了对国民党第十九路军的攻击，中国军队奋起抵抗，直到3月3日签署停战协议，"一·二八"淞沪抗战才结束。当时穆藕初参与了"上海地方维持会"，并出任该会的交通委员会主席，慰问第十九路军。

淞沪抗战后，很多实业家都痛感中国社会积贫积弱，亟需真正有现代思想的教育。早在1917年6月15日中华职业教育社成立时，穆藕初和黄炎培、蔡元培、伍廷芳、梁启超等四十八人在成立宣言上签名。中华职业教育社的成立解决了当时读书人的出路问题，真正实现了"使无业者有业，使有业者乐业"。"一·二八"事变又进一步刺激了这位实业家，他感觉到当时的中小学教育办了很多，也办了很多年，但没有真正培养出时代需要的人才，国家依然还是贫穷落后。有感于此，他和一批有志于办学的实业家组成董事会，创办了民办位育小学。

现在的徐汇区向阳小学前身是位育小学，成立于1932年，最早的校区也不在这里。1932年初，实业家穆藕初牵头组成位育小学校董会，董事长是穆藕初，董事都是当时经济界人士和社会文化名人，有潘序伦、王志莘、黄炎培、吴湖帆等一时名流。1932年7月，穆藕初在一封致上海市教育局的信中说："湘玥以上海号称文化发达之区，学校林立，弦歌比户。但除钧局直属之小学外，欲求一适中绳墨，切合原理，而又不背时代潮流者，实不多得。湘玥窃不自量，爰集教育、实业两界同志若干人，集资创一小学，定名'位育'。规模不求其大而设备不能不全，课程不务其多而教学必求切实。兹拟订校董会章程连同表式一份，遵章呈请钧局鉴核，准予设立。"学校董事会聘请了李公朴的夫人张曼筠担任校长，《章程》明确提出教育目标："尊重儿童个性，满足生活需求，锻炼健康体格，激发爱国思想，助长创造精神，培养治事才能，提高作业兴趣，指导休闲活动。"开始几年位育小学都是租赁校舍，随着人员越来越多，学校名气越来越大，固定校舍成为一个重大问题。在穆藕初的努力下，1936年学校在拉都路388号购买了五亩地，建起了位育小学，也就是今天的向阳小学。

抗战期间，日军占领了上海，上海本市的一些中学或者搬迁或者停办，位育小学的毕业生继续深造的地方没有了，许多家长都希望位育小学能自己办中学，以便学生能继续接受教育。为了满足家长的要求，1943年春，穆藕初特意请陶行知的学生李楚材从大后方来到上海，与位育小学在沪校董一起筹备位育中学。同年6月12日，在沪校董一致议决，聘请李楚材为校长，全权筹建中学部。位育中学的校舍也在位育小学校内，整个学校由同一校董会主持校务，其中李楚材校长负责位育中学的事务，学校对外名称是位育中小学。解放初期，李楚材校长等开始筹划在复兴中路购买地基，建设校舍，计划把位育中学从位育中小学搬出来。一直到1952年，位育中学才逐渐从位育中小学搬离，中间边建边搬，直到1956年中学部分才完全搬到了现在位育初级中学的校址办公。——这时候红楼开始和位育中学发生关系了。

新中国成立后，红楼的一部分被政府机关征用，一部分被无房居民使用。最初红楼的楼上是上海市常熟区（1956年与徐汇区合并）复兴中路派出所办公场所，底层周边加建围墙，作为居民住宅使用。位育中学出资购买了位于红楼北面的草地，盖成了教学楼，使得红楼原先宽敞的格局没有了，也就没有了最初时的气派。红楼北面是学校，为扩大使用面积，位育中学又购买了红楼楼上三层，复兴中路派出所迁出红楼，这样，红楼就开始成了私立位育中学的办公场所，但底楼还是居民使用，南侧红楼自带的大面积草坪也彻底消失了。

私立位育中学搬到复兴中路校区后，1956年正好赶上公私合营，位育中学接受社会主义改造，成了一所公立学校，更名为第五十一中学。五十一中由于学校教学成绩卓著，先后被评为区、市和全国先进单位。1987年，学校又由第五十一中学更名为位育中学。但红楼还是上面三层由学校使用，底层由居民使用。

1998年位育中学初高中脱钩，位育中学南迁到了徐汇区的华泾地区，复兴中路校址上只有位育初级中学。2000年，徐汇区教育局出资安置了红楼底层的居民，把红楼完整地交付给了位育初级中学，这样红楼才成了位育初级中学的

红楼内部楼梯（贺平　摄）

红楼内景（贺平　摄）

一部分。由于位育初级中学的校门是在复兴中路上，而红楼在学校的南面，靠近永康路这边，如果不是深入校园，一般人还是很少有机会见到这幢饱含历史沧桑的老建筑。

没有了宽阔草地作为花园的红楼，剩下的就是一幢花园式住宅建筑。早年的底层是佣人住处和车库后被被改建成了居民住宅，直到完全收归位育初级中学管理后才逐渐恢复原貌，但原来的起居室、厨房、餐厅、画室和办公室，今天都被派作他用，或者是会议室，或者是办公室，还有朝南的外立面。查看 20 世纪 30—40 年代的图片，清晰地显示二层东南侧和西南侧一直为单层，是两个较大的露台，而现在露台抬高了一层，据说是 2000 年前后，维修这幢红楼时在二层东南和西南侧均加建了一层。红楼虽没有了旧日的气派，但不论怎么说，它至少也是一位早年饱受摧残至今仍风韵犹存的"半老徐娘"。这幢近百年历史的老建筑，历经岁月坎坷，今天还矗立在那里，看它的外部，清水红砖，依然笔挺，看它的内饰和细部，无论是楼梯还是楼梯扶手，无论是护墙板还是踢脚板，无论是木地板还是特色天花板，甚至是二三层房间里的壁炉，都告诉我们它曾经有着不一般的经历，至今都还在发挥着功用，这已经让我们见证到红楼这一建筑的奇迹了。

桃源邨

钱宗灏

　　复兴中路 1295 弄建于 1930 年，名桃源邨。后一度曾改名为"桃源村"，虽仅一字之差，且"邨"在古文字里原是"村"的异体字，可给人的理解就是不一样。"村"字让人联想有农舍、乡野的意思，而"邨"字则无这种联想。所以在 20 世纪二三十年代，求新、求变的上海人在用腻了"××里""××坊"之后，找出了"邨"这个古汉字来命名新建造的里弄住宅，也确实有种"升级版"的含义在内了。不过到了五六十年代就又不时兴了，代之以"新村"这个名字，可能和人民公社、工人新村这一类的新概念有关吧？不过香港人倒还在用，我知道 1989 年港岛白沙湾就有一处名叫"杏花邨"的大型楼盘在填海后建成了。所以 2014 初年徐汇区相关部门恢复了桃源邨原名是有道理的，除了正名外还是一种尊重历史的态度。

　　根据上海房屋管理部门的归类法，像桃源邨这样的民居属于新式里弄住宅，分类的标准据说有八个字："钢窗蜡地，煤卫齐全。"不过像这样的新里早先都是独门独户的，后来几户合用了生活设施，往往就形成了这样那样的不合理状态，如厨房和卫生间的过度使用、室内搭阁楼、晒台上搭建、天井被加顶封闭等都成了司空见惯的景象。像桃源邨也有，建筑原为三层砖木结构，机制平瓦双坡屋顶，现在只有少量门牌户号里仍保持着原来的格局。不过主弄还是原来的样子，仍然较宽，各居住单元还是单开间的，主入口位于南侧，入内有小庭院，现在院墙均已被加高，不少住户还将它改建成房间。北侧有辅入口，入内为天井、厨房；一层前部原为客厅和起居室，二层有挑出的铁艺栏杆小阳台，内即为主卧室，北面是亭子间；三层北侧设有晒台，南侧亦为房间，可以设想如果仅按照住一户人家的标准衡量，那是相当的宽敞的。现仍看得到建筑外墙采用了新式的水泥砂浆粉刷而不是清水砖墙，还开了仿石块的细槽，门和窗框上勾勒有简单的装饰性线脚。这些对生活在20世纪30年代的上海人来说是很有吸引力的，毕竟同清水砖墙、黑漆墙门、木门木窗、马桶煤炉的旧式里弄生活不啻天壤之别。

弄内1号到68号，加上沿街的1275号到1313号还有19幢房子，建成时整个桃源邨一共有87幢房子，可算是一处大型的居住社区了。不过现在稍有变化，网上数据显示为83幢房子，总建筑面积12 400平方米，但我觉得这些倒不是桃源邨主要的特征。现场考察发现桃源邨建筑的基地很有意思，是呈倒过来的"凸"字形，北面宽，到南面弄底变窄了，开发商以主弄为界，自北到南共布置了六排行列式的三层里弄住宅，前面三排东面有10间，西面有9间，后面三排就没这么多了，近弄底还有一排东西朝向的两层楼车库，看来开发商当初建房考虑得还比较周全，特地为居住在桃源邨的有车族提供了停车库，楼上还照样可以住人，只是条件差了点儿，但租金肯定也便宜。这样富裕家庭和经济拮据的家庭都能在弄内找到适宜各自消费层次的住房。

2017 年 4 月 27 日，徐汇区文化局公布桃源邨 26 号为徐汇区文物保护点。未知为何仅把弄内 26 号定为区级文物保护点，有些令人费解，毕竟桃源邨是一个考虑周祥的整体，是上海传统民居中新式里弄的一处典型，我倒更倾向于整体保护。

后来我找到了一张该区域的地籍图，才发现了地块呈倒"凸"字形地块的道理，图上标示着东面一幅地块的地籍号是 F. C. Lot 9347，西面一幅地籍号为 F. C. Lot 9356，两幅地块的交合线正好是桃源邨主弄的中线。显然这两幅土地或者是属于同一位业主，或是开发商分别从两位业主手里买下后合并起来建造的。桃源邨西面还有条丁家弄，即今复兴中路 1315 弄，应该是早就有了，1948 年的《上海市行号路图录》上显示弄内有竹器号、洗衣作、营造厂等，这些都是开设在"老宅基"里的作坊。我很想找到一位 1930 年已经记得事情的原住民老人，好向他或者她打听一些桃源邨的老故事，可惜未能如愿，看来许多故事已经永远地湮没在历史的尘埃里了。

关于里弄住宅，我在别的书中也曾说到过一些，它是上海的特色民居，它的发展大致经历了三个阶段：即从早期的"里"发展到中期的"坊"，再到后期的"邨"，其形制也各有特点。"里"一般就是有两扇黑漆大墙门、清水砖墙、砖砌腰线、水泥勒脚的那一类，在上海话里叫"石库门"。最简单的也是单开间，一般称做"一楼一底"，像中国共产党第一次全国代表大会就是在这样的一处石库门里召开的，楼下是客堂和灶间，楼上有卧室和亭子间。稍复杂些的有两开间的"一客堂一厢房"形式，就是在客堂间边上还有一间厢房，不过厢房的通风采光条件就稍微差些了，更大的就是

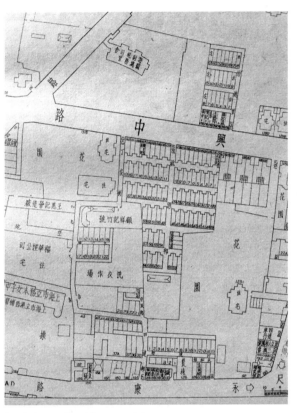

《上海市行号路图录》（1948年）

有三开间的"一客堂两厢房"了，黑漆大门里也是天井，东西各有一间厢房，适合大户人家居住，东西厢房长幼有序。"坊"和"里"的形制其实区别不是很大，只是一般已没有单开间的形式了，所用的建筑材料也要好些，譬如部分用钢窗代替木窗，用柳桉木代替洋松，室内有壁炉，外墙装饰也多样化了，除了水泥砂浆抹层外还有水刷石、干粘石等。"邨"与"里"相比有了很明显的进步，一般都已经摒弃石库门的形式，改成矮院墙开铁皮门，小院还留有一方土地供主人植栽，单开间也不是"里"的简单重复，而是在提高居住品质的前提下更适合核心家庭居住。

踏勘了桃源邨后，我觉得建筑师将第一排房屋的朝向完全倒置的做法其实是得不偿失的。这样做的唯一理由看起来只是为了使沿复兴中路立面显得漂亮，但房屋却造成了北向，这样牺牲了室内主要房间的光照，要知道在寒冬的阳光对于住户是非常可贵的。另外整条里弄的容积率也过高，造成支弄狭窄，虽然上海向被称为"寸金地"，开发商对土地的利用确也到了寸土必尽其用的地步。

网上还找到了一些桃源邨的人文历史记载，未考订其确切，仅转录于此，其中的8号曾是黄埔革命同学会旧址。黄埔革命同学会成立于1930年11月，会址设在当时法租界辣斐德路桃源邨8号，由余洒度任会长，周士第、陈烈、杜从戎等11人为委员，在全国18个省市建立分会或支部。上海特别支部由周士第、韩继文负责。黄埔革命同学会先后从国民党军队中吸收和联系了一至五期黄埔学生6 000余人，其中骨干和部分会员参加了临时行动委员会的组织，大大削弱了蒋介石对黄埔学生的控制。他们的行动当然会受到蒋介石的镇压，1931年8月17日下午，邓演达等在愚园路愚园坊

20 号被捕。当晚 12 时许，桃源邨 8 号黄埔革命同学会总会也遭查抄，余洒度、陈烈等 20 余人被逮捕，总会机关存在不到一年即被破坏，组织不复存在。

复兴中路 1283 号是贺天健故居。贺天健（1891—1977）是中国现代著名的中国画家、书法家。江苏无锡人。原名贺骏，又名贺炳南，字健叟，别署健父、阿难等。幼年喜欢绘画，早年通过实地写生，领悟画理，善用水墨，设色讲究层次，多用复色，尤长于青绿山水，并演变而自成一格，风格豪放跌宕，富有时代气息。其书法作品《东风吹到好江山》曾获世界美术博览会一等奖。出版有《贺天健画集》、《贺天健山水册》等，著《学山水画过程自述》。

桃源邨 30 号是书法家、江南大儒钱名山的旧居。钱名山（1875—1944），江苏常州人，人称江南大儒，自幼聪颖，十岁即能作诗，十六岁即中秀才，十九岁中举人，二十九岁成进士，曾授刑部主事。钱名山的书法初学欧阳询，继学颜真卿，并汲取了王右军、倪元璐的长处。辛亥革命后，束发作道士装，著书讲学，绝意仕途。抗日战争时期，居上海，卖字为生。通医术，工书画，尤工诗文。钱名山有闲章"海上羞客"，是因为其寓居上海时，抗战爆发，上海沦陷。又有一枚闲章"癸卯进士"，凡不相识人求字，俱钤此印。1944 年钱名山在上海桃源邨因胃疾辞世，享年七十。归葬于常州青龙街道解放村焦家村 53 号东，现棺木已深埋，墓碑保存完好。

至今年桃源邨存世已有八十九年了，可以说它阅尽了人间的春色与沧桑，希望有更多的人文历史记录被整理、挖掘出来……

优雅的伊丽莎白公寓

惜　珍

在复兴中路行走，一些老公寓总是会让人感到震撼，进而忍不住停下来驻足观赏。这些气质独特的公寓在上海的其他马路上很少见到，如今，已成为复兴中路上的标志性建筑。复兴中路 1327 号坐落着复中公寓，但它最初的名字叫伊丽莎白公寓，又名伊白公寓，1964 年才改为复中公寓。这个名字和它毗邻的黑石公寓和克莱门公寓一样令人遐想，三个公寓犹如三剑客般并肩昂首屹立在复兴中路上，洋溢着浓浓的海派风情。

典型的装饰艺术派风格

这幢公寓是 1930 年由当时居住在上海的法国人经营的贸易公司建造的，是主要面向法国人的法式公寓。建筑为五层钢筋混凝土结构，平面呈"工"字，立面呈三段划分，强调竖向线条，中间内凹，入口设雨篷。建筑立面简洁，强调不同材质的质感和色彩对比，几何图形交叉错落。外墙以浅黄色水泥砂浆抹灰为主，窗框为大红色，上下窗之间的墙面饰有水平勾缝线，平屋顶，顶层檐口线脚较浅并向外突出。中部的窗间墙呈锐三角形向外挑出，上部女儿墙以数层重叠式水平线条装饰，北侧东西两端的两个圆形楼梯檐口部平行向外挑出，增强了该建筑在外观造型上的表现力度，并巧妙地使用圆弧形和空间凹凸轮廓变化，构成了整个建筑的外观造型，同时将外立面上的钢窗归纳为纵向线条，体现了没有过多装饰的简洁明快的新艺术运动后期的住宅特色，具有现代建筑设计的倾向。住宅顶层檐口线脚较浅，有水平向装饰处理，公寓呈对称布局，主楼梯外立面以及南立面的东西转角显示出典型装饰艺术特征与流线型风格。公寓两翼的圆形楼梯间是当年仆人的交通空间，显示出主人对自己隐私的看重，从一个侧面也可以看出当年的住户与今天不相同的日常生活方式。公寓其他立面比较简练，南立面的东西转角看似不经意的装饰，其实也是当年装饰艺术风格与流线型风格最典型的建筑语言。

公寓面朝复兴中路的大门很低调，大门两侧简化的罗马柱上部有横线装饰。大门两侧有花坛，一棵高大的枇杷树枝叶斜斜地盖住大门上方，像是在为它遮阴并庇护着它。公寓一侧的门开着，进去便是当年的花园，现在里面开了一家花店，它有一个好听的名称叫花房。我去时三角梅和樱花正在盛开，花店门前一侧竖着一块宜家的记事板，上面用白粉笔写着"所有的花开，只为等你来"，那种浪漫的情致倒是和伊丽莎白公寓的名称很相配。从花房转过去可以看到建筑的侧面和圆形楼梯间带有气窗的窗户，再转过去便是一扇面向马路的紧闭的大铁门。

从复兴中路大门进入公寓内部，门厅并不堂皇。里面的墙壁下面一半是湖绿色，上面一半是白色，配上带有红色窗框的玻璃窗，在阳光下显得很清新。楼梯扶手是褐色的，楼

伊丽莎白公寓（今复中公寓　贺平　摄）

伊丽莎白公寓（今复中公寓）局部（贺平 摄）

梯地面是浅褐色马赛克铺就，至今保存完好。公寓内部呈对称布局，每层四户，北侧的两户是二室户，南侧的两户为三室户，建筑呈左右对称形，北侧设置主出入口和主楼梯间。楼梯间连接每层四家住户的空间布置显得足够从容，互不相扰。每户住家有厚重的木门，带有门牌号的铁花小窗也是简洁装饰艺术风格的体现，而且各户看似统一却有微妙不同，暗示着住户的身份。正对主楼梯的南侧住户进门后有走道直通客厅，再由客厅进入东（西）侧的主卧室，主卧室北侧设有带浴盆的卫生间。走道旁为餐厅和厨房，厨房设有服务性入口与小楼梯相连。北侧的两户没有独立的餐厅，厨房紧临可作餐厅功能使用的客厅，厨房北侧设有佣人专用的小楼梯，小楼梯呈圆形平面，于建筑北侧东西两端向外凸出。这幢多层集合公寓的住宅空间构成是以客厅为中心，并将主人及佣人使用的垂直交通线通过单独连接各户的服务性楼梯与主楼梯完全分开，沿袭了中国传统住宅的部分观念。其节制得体的形态、尺度与装饰，悄然诠释着一种喧嚣都市深处的生活品质。

在公寓顶层有个很大的天台，从顶楼楼梯出来，走到天台，眼前豁然开朗。天台地面铺设着灰蓝色和米黄色相间的瓷砖，站在上面，四面八方的景色一览无余。天台一侧和旁边黑石公寓的露台遥遥相望，还可见克勒门公寓的一角，另一侧面向复兴中路，对面交响乐团的建筑尽收眼底。我去的那天阳光很好，天台上的一排排落地衣架上晒满了住户的衣服，天台的四角放置着一些盆栽花草，正在抽枝发芽，想来是住户们自己种植的，显出一种闲适生活的烟火气。

电影艺术家舒适在这里住了三十多年

伊丽莎白公寓自建成后至太平洋战争前，居住的几乎都是来自英、法、美、奥等国的外侨，有公司经理、副董事、销售员、秘书等，其中有一家杜达公司，其办公地点就设在这座公寓的 42 号房间。当初，伊丽莎白公寓二楼，是原上海基督徒聚会处、第三代长老郭本标弟兄寓所。

以 1958 年版的电影《林冲》及 1961 年版的《红日》为其经典代表作的原上海电影制片厂演员舒适自 1983 年起，就住在伊丽莎白公寓 43 号。舒适原名舒昌格，出生于 1916 年 4 月 19 日，浙江慈溪人。七岁时，随父亲舒厚德移居上海。十九岁入复旦大学，后转入持志大学法律系。舒适在学生时代就喜爱京剧、话剧和古典文学，上海沦陷后，参加了青鸟剧社，曾演出话剧《雷雨》《日出》《不夜城》《大雷雨》等。正式演出时，舒适借用了父亲的笔名"舒适"，从此一炮走红。1938 年后，担任青鸟剧社、上海大同摄影场、金星影片公司的演员和编导。他在影片《歌声泪痕》《花溅泪》中饰演角色，编导《地老天荒》等影片。1942 年后，在中联、华影等影片公司主演《白衣天使》《银海春秋》等影片。

1946 年春天，香港大中华影业公司来函聘请周璇前往香港拍片，并多次来信敦促。周璇心动了，便去找舒适、吕玉堃等，见面一说原来他们同时接到了邀请函。大家商量后决定一起去香港，并说好拍完电影再回上海。几天后的一个清晨，舒适就和何兆璋一起去武康路 391 弄接周璇，一起前往香港。到了香港后，舒适任香港大中华、永华、长城、五十年代影业公司演员和导演。他与周璇主演了电影《长相思》，与胡蝶主演了电影《春之梦》；又拍摄了电影《浮生六记》《弱者，你的名字是女人》《清宫秘史》等。电影《清宫秘史》是由原来的话剧《清宫怨》改编而来，主要讲述光绪皇帝、珍妃与西太后三人在戊戌变法期间宫廷内部斗争的故事，在舞台演出时深受观众的欢迎。1948年三四月间，香港永华影业公司开始筹拍《清宫秘史》，舒适、周璇分饰男女主人公光绪和珍妃。光绪确定由舒适扮演，除了扮相、演技种种因素之外，还有一个重要的因素就是舒适在当时舞台剧《清宫怨》中就饰演光绪皇帝。

与此同时，舒适还编导了影片《地老天荒》《苦儿天堂》，导演了影片《母亲》《秋之歌》《蝴蝶梦》等。新中国成立后，舒适满怀热情地从香港到广州慰问解放军。1952年舒适回到上海任演员与导演。从1952年秋开始，舒适在《鸡毛信》《为了和平》《李时珍》《情长谊深》《水上春秋》《林冲》《红日》等影片中担任了重要角色。

1957年江南电影制片厂拍摄电影《林冲》，舒适既担任导演，又饰演主角林冲。他精湛的表演把林冲这个古代英雄形象塑造得丝丝入扣，丰满完整，给人留下深刻印象，至今为人津津乐道。关于电影《林冲》的拍摄还有一段脍炙人口的花絮。那年岁末的一天，摄影棚里正在拍摄林冲夜宿山神庙，杀死前来火烧草料场企图害他的陆谦那场戏，忽然周恩来总理微笑着陪同缅甸副总理兼国防部长吴巴瑞及夫人一行进来了，张骏祥、赵丹、黄宗英等紧随其后。周总理把外宾介绍给摄制组，舒适则向他介绍了各位电影同仁和大家正在拍摄的戏。周总理感慨地说："我们当时也是被逼上梁山的嘛！"接着，摄影机正式架好，请来宾观看了林冲和陆谦在山神庙前对打的一段戏的拍摄。这段戏拍完后，周总理和外宾拍手鼓励，周总理当场提议"大家合个影吧!"有人提出异议。周总理说:"有啥不合适的? 古、今、中、外一起拍张合影，不是很有意义吗?""古"是指穿着古装的演员，"今"是指穿便装的所有人，"中""外"就好理解了。于是，这一珍贵的历史性镜头便被永远定格在胶片上了。

舒适在导演了《战斗的乡村》后，于1961年，又成功扮演了《红日》中国民党整编74师师长张灵甫。舒适把一个骄横跋扈、偏执狂傲、霸气剽悍、自信张扬、桀骜不驯，但又有几分儒雅与冷峻的张灵甫塑造得入木三分，该角色被称为当代影坛上的"反派三杰"之一，在当时几乎家喻户晓。从《林冲》到《红日》，标志着舒适的艺术水准已达到炉火纯青的地步。继电影《红日》后，舒适又导演了数部影片与电视剧。多才多艺的舒适还编写过电影剧本《地老天荒》《卖花的少女》《八宝图》等;曾导演《苦儿天堂》《神·鬼·人》《战斗的山村》《绿海天涯》《双珠凤》《剑》《龙女》等影片，并在六十多部影片中扮演过不同的角色。

1983年，舒适搬到伊丽莎白公寓，那一年，他六十七岁了。他在伊丽莎白公寓43号整整住了三十二年，于2015年6月26日去世，走完了他将近一百年的人生旅程。我在舒适门前的楼道里静静地站了一会，想象这位艺术家当年住在这里的情景，感觉这位艺术家的气息依旧飘散在公寓里。

巧遇徐汇区房管局原局长钱天伦

私家住宅不好轻易进去，即便是有徐汇区文化局干部和街道领导陪着，也很难，因为要尊重居民的隐私，谁也没有权利不经允许就随便闯。

我很幸运。那天，在伊丽莎白公寓的三楼我看见一家铁门开着，便情不自禁地往里看了一眼。和一位面相和善的女士打了个照面，她问我，你找谁？听说我正在写这幢公寓时，便客气地说，你进来看吧。后来我才知道住在里面的是原徐汇房管局局长钱天伦，开始我有点诚惶诚恐，但在钱先生及其夫人的热情接待下很快就放松自如了。

　　钱先生家的房子在左侧顶头第一间，进去是门厅，门厅通往客厅，客厅一侧通卧室，一侧通餐厅和厨房。几乎每间房间里都有很大的壁橱，钱夫人说他们家几乎没有什么家具，壁橱已经足够放东西了，房间里的窗台很低，光线很好，视野也开阔。钱先生告诉我，这里是一梯四户，其中一室和四室格局一样，二室和三室格局一样。其实，钱天伦本身就对徐汇的老房子有研究，早在 1995 年，他就主编了大型摄影图册《上海徐汇住宅》。图册通过各种不同视角的摄影照片，记录了徐汇住宅的千姿百态，其中就有黑石公寓和克莱门公寓。看上去很温和的钱先生是军人出身，1965 年从军队退伍回到上海，在市房管局学习一年后，就被分配到徐汇区房管局。在基层房管所担任管理人员，钱先生的业务和人品得到一致好评，几年间便升任副局长，直至局长，并获选担任徐汇区政协委员。

　　在徐汇区房管局局长岗位任职期满后，钱先生又调任上海市房地产科学研究院，先后担任党委书记兼副院长。如今退休在家的他喜欢看书、拍照，我去时，他正在客厅里摆弄单反相机。我想，他拍得最多的应该是徐汇区的老房子吧。临别时，他把《上海徐汇住宅》摄影图册和徐汇区各界人士庆祝改革开放 40 周年文集《与改革开放同行》送给了我，这两本来自伊丽莎白公寓的赠书使我感觉十分珍贵。

"黑石公寓"

蒋　杰

　　坐落于上海市徐汇区复兴中路 1331 号的复兴公寓，以其宏大的规模、精巧的设计和丰厚的历史积淀，成为上海近代城市建筑的经典之作与重要研究对象。该楼始建于 1924 年，为六层高钢筋混凝土建筑。折中主义风格，主立面左右对称，底层建有超大门廊，由简化的科林斯双柱支撑，并带有丰富的古典主义装饰。门廊顶部构成一个大露台，外形由三段弧线构成。大楼立面中部墙体采用弧线形，加之屋顶中部弧形山墙及装饰，显示出巴洛克特征。在民国时期，这幢大楼曾被称作花旗公寓，1949 年后改称复兴公寓，但上海市民更喜欢把它称为黑石公寓。作为上海近代建筑文化的重要代表，复兴公寓深受市民喜爱，同时也是上海城市历史爱好者的重要参观地点。但长期以来，由于历史资料的匮乏和相关研究的不足，许多有待解答的历史疑云，仍笼罩在这幢大楼之上。

花旗公寓、黑石公寓与复兴公寓

　　尽管复兴公寓是现在复兴中路 1331 号大楼的正式名称，

黑石公寓门厅（贺平　摄）

黑石公寓弧形山墙（贺平　摄）

但很多市民和历史爱好者还是喜欢把这座大楼称为黑石公寓，以至于后者的知名度远远超过前者。如果说复兴公寓的得名，是由于这座大楼坐落于复兴中路之上，那黑石公寓的得名，又典出何处呢？

有关黑石公寓的来源，最常见和最流行的说法是"由于建筑填充墙体和部分构件采用黑色石材，便被称为黑石公寓"。显而易见，这种说法在直观的视觉层面很难令人信服，同时在文献层面也难以找到有力的证据进行佐证。由于该楼为美侨投资兴建，因此要梳理它的命名史，追根溯源首先需要弄清大楼的英文名称是什么。

要解决这一问题，最直接的办法就是在 20 世纪 20 年代出版的上海西文报刊中，检索辣斐德路（今复兴中路）1331 号的相关信息。通过查询，可以确定该处地址确实存在一幢名为"Blackstone Apartments"的建筑。如果直译过来，即是黑石公寓。两相对照，可见将复兴中路 1331 号大楼称作黑石公寓的确不存在太大疑义，这一问题似乎已迎刃而解了。但黑石公寓是否就是 1331 号大楼正式的中文名称呢？要解决这个问题，显然还需要得到更多文献资料的佐证。

按同样的方法，检诸中文史料，我意外发现黑石公寓这一名称的出现，竟远远晚于复兴中路 1331 号大楼的落成。它在中文出版物中的首次出现，是在 1951 年。在该年出版的《解放日报》和《大公报》编辑出版的《新上海便览》中，已有黑石公寓出现。此后，在 1956 年再版的《上海——冒险家乐园》一书中，也出现了黑石公寓。此时距离复兴中路 1331 号大楼的落成，已有近三十年之久。不过值得注意的是，在 1938 年版和 1946 年版的《上海——冒险家乐园》一书中，作者并未使用黑石公寓的译法，而是采用

"BS公寓"进行指代。由此推测，黑石公寓可能并非Blackstone Apartments 在民国时期的标准汉译，而是一个1949年之后直译而得的名称。

那么1949年前的上海人究竟如何称呼这座大楼呢？要解决这一问题，还是需要继续从地址信息入手。通过在中西文献中检索"辣斐德路一三三一号"和"1331 Lafayette"等相关信息，可以发现此处的中文名称为"花旗公寓"和"白司东公寓"。此外，在《申报》等报刊中，还存在另一种常见称呼方式，即"辣斐德路一三三一号"。至于复兴公寓这个名称，则是在更晚近才出现的。

由此可以推断，与民国时期法租界内很多西式公寓、洋房类似，复兴中路1331号大楼可能并不存在标准汉译名称。它的命名史经历了从花旗公寓到黑石公寓再到复兴公寓的过程。黑石公寓尽管不是一个正式的名称，但却是知名度最高的一个。

神秘的"黑石先生"

复兴公寓的另一个未解之谜是，它的创建者究竟是谁？由于资料匮乏，现有的上海建筑史研究对这一问题基本没有提及或语焉不详。就我目力所见，《上海——冒险家的乐园》一书是少有的、对这一问题进行过介绍的著作。通过该书，可知复兴公寓的创建者，是一位叫做"黑石"的美国传教士。作者还披露，借助传教，"黑石"从美国聚敛了大量财富，并将这些财富通过在沪投资的形式，转化成自己的私产。在这本书中，"黑石"完全是个负面的人物。

另一条有关"黑石"的信息，则来自1924年6月出版的一份《北华捷报》。通过这则珍贵的报道，我们得知"黑石"先生的英文名字为"J. H. Blackstone"。有关"黑石"最详细的信息，来自法租界警务处的一份内部调查报告。这份生成于1942年的档案，对复兴公寓和"黑石"的情况进行了简短的描述："Blackstone Apartments建于1924年，业主为J. H. Blackstone，美国百万富翁，并积极从事美国美以美会（Missions Methodistes American）传教活动。"

随着历史资料的不断增多，"黑石"的形象也越发丰满起来，但一系列谜团仍未解开：这位J. H. Blackstone先生究竟是谁？他来自哪里？他与近代上海有着怎样的关系？事实上，将J. H. Blackstone直译为"黑石"是不妥的，因为他不仅是复兴公寓的始建者，同时也是一位在近代传教史上颇具声名的人物。

J. H. Blackstone全名James Harry Blackstone，汉名宋合理。1879年出生，美国美以美会传教士。他的父亲也是一名传教士，名为Williams Eugene Blackstone。宋合理的父亲被视为美国司徒基金（Milton Stewart Evangelistic）的创始人和首任监管人。该基金旨在推动与资助犹太群体中的传教活动。宋合理于1906年来华传教，长期在南京和上海一带活动。

1917年，宋合理成为司徒基金在华负责人。同年，他向南京的金陵神学院提议，双方联合创建圣经学院，资金由司徒基金提供，日常运营则由双方互派5人成立董事会进行管理。宋合理还承诺司徒基金将向新成立的学院投入10年至15年的经费，不过由于种种原因，这一合作在1920年就终止了。

司徒基金的一个主要目的是推动与资助基督教在犹太人

群体中的传播。1919 年，宋合理前往河南开封，在那里寻找和会见犹太后裔。这一事件引起了当时上海西文报纸的广泛关注。据报道，当时开封一地尚有犹太遗民二百余户，不过最终与宋合理见面的只有四十户，包括所谓七姓头目。在见面会上，每人获赠一册《圣经》。然而，由于缺乏组织和相互联系，加之参加者热情不足，宋合理在开封的活动并未获得成功。

1924 年，宋合理在上海法租界辣斐德路 1331 号投资新建了 Blackstone Apartments。由于资料缺乏，目前无法确定他于何时离开中国。不过可以确定的是，1938 年时宋合理已返回美国，此后再未发现他返回上海的记录。1965 年，宋合理在美国逝世，葬于加州洛杉矶。

打造"最豪华的酒店"

1920 年前后，上海的高层公寓数量还很稀少。在这一阶段，此类建筑主要集中于公共租界静安寺路（今南京西路）、愚园路和法租界的海格路（今华山路）、辣斐德路（今复兴中路）等地广人稀、空间开阔的城郊地带。30 年代后，随着地价不断上涨，技术条件不断成熟等，上海的高层公寓开始进入快速增长期。在法租界西部及公共租界沪西越界筑路区一带，高层公寓如雨后春笋一般拔地而起。就法租界而言，主要集中在今天的衡山路、淮海中路、建国西路、复兴中路和南昌路等几条主干道上。较为著名者，如毕卡第公寓（今衡山宾馆）、集雅公寓、皇家公寓（今淮海大楼）、光明公寓、道斐南公寓（今建国公寓）、自由公寓、麦琪公寓等。

1924 年，当宋合理打算兴建 Blackstone Apartments 的时候，他的目的可能不仅仅是在法租界修建一座高层公寓，而是要建一座上海甚至是中国最大、最豪华的酒店。早在这座公寓建成之前，《北华捷报》的一些先期报道，就已详细披露了正在建设中的复兴公寓的种种先进设施与奢华之处。按照设计方案，该楼将包含 31 间套房，其中大型套房 20 间，内设 4 个房间、厨房及储藏室；中型套房 3 间，内有 3 个房间，同样也设有厨房和储藏室。除此之外，还有 8 个小型套房，内设起居室、卧室、浴室和厨房。所有卧室都将建有提供冷热水的浴室。厨房内均配有冰箱、煤气灶及小型洗衣设备。为满足住客的种种需求，公寓内还设有四季恒温泳池、餐厅和舞厅。大楼的顶层是一座屋顶花园，可以俯瞰附近大部分街区。在户外，还设有 3 座网球场及 12 个停车库。在服务方面，如果客人需要，公寓还可提供餐食服务。

事实上，复兴公寓建成之后，其先进和奢华程度甚至超出了《北华捷报》的报道。除了已经披露的设备与服务之外，公寓还提供了电梯、中央供暖和佣人服务，宋合理甚至还聘请了一位外籍管家。由于环境优雅，设施先进，Blackstone Apartments 在 1925 年的招租广告中干脆直接打出了"中国最好的公寓"这样的旗号。拎包入住或空屋租用均可，网球场、游泳池、舞厅免费开放。还可提供宴席服务、无线电服务等。租金适中，地址坐落于法租界黄金地段。

由于条件过于奢华，法租界公董局在确定税率的时候，并没有把复兴公寓放在"公寓"一类，而是将其归为"酒店"类，由此所带来的税费增加，引发了该公寓与公董局一场长达二十年的反复博弈。

1938 年时，宋合理已返回美国。此时公寓的管理由一名叫做阿道夫·古斯塔夫·安德森（Andersson Gustaff Adolf）的瑞典外侨负责。尽管不是美国人，但他早已皈依美国基督教组织，并积极投身到"Assembly of God"的活动当中。现存资料反映，1938 年至 1942 年间安德森一直管理着公寓，他的职责包括：负责公寓的日常运作；收取租金；将房租寄给身在美国帕萨迪纳（Pasadena）的宋合理。

抗战爆发后，复兴公寓无论设施还是服务都已大不如前。到太平洋战争爆发后，一半以上的房间缺乏家具，租客不得不自备家具才能入住。公寓之前引以为傲的种种优质服务，也被一点点取消了，餐厅被改作他用，佣人们也都遭到遣散。餐饮服务的缺失，使得几乎每个租客都不得不自行聘请佣人。1942 年，法租界警务处经调查后认为，复兴公寓已不再为租客提供除居住以外的任何服务，它已从一座豪华酒店（尽管业主从不承认），变成了一座真正的公寓，甚至就是一幢普通出租屋。公董局因此给它降低了 10% 的税额，从而结束了双方的长期博弈。

多元化的功能

毫无疑问，如此奢华的公寓，租金肯定不菲。档案显示，1925 年时复兴公寓的价格共分九等，从每月 50 两到 152 两不等。其中租金最廉者为 51 号房间，每月 50 两，但整个公寓只此一间。最昂贵的要数 23 号、25 号、33 号、35 号、43 号、52 号及 53 号房，租金均为每月 152 两。

虽然价格高昂，但公寓却并不缺乏住客，旅居上海的大量外侨构成了它的主要客户群体，其中既有美国人、英国人，也有荷兰人、俄国人、法国人、瑞士人和德国人等。此外，由于其美国背景和教会背景，该楼又成了美国侨民和宗教人士的主要聚居地。1927年6月，美国驻南京领事戴伟士（J. K. Davis）从南京来到沪，就下榻在这座公寓。1930年8月，来沪接掌美国长江巡逻舰"图图伊拉"号（USS Tutuila）的Bischoff舰长及其夫人与三个孩子也入住在这座公寓。美国教会成员，尤其是卫理公会的成员更是这里的常客。

作为一个规模宏大、功能齐备的酒店或公寓，复兴公寓除了基本的居住功能外，还承担着诸如展览、会议、庆典等现代酒店都具备的社交功能。在该楼建成不久的1925年，就迎来了一场艺术展览，举办者是年轻的美国画家郎特利（Ralph S. Rowntree）。

作为一名画家，郎特利似乎并不出名，但在东西方艺术交流层面，他的确是个不折不扣的先驱人物。1899年，他出生在美国田纳西，大学就读于达拉斯的南卫理公会大学（Southern Methodist University），获历史与政治科学学士学位。此后转向绘画，分别在芝加哥艺术学校、达拉斯艺术学院等机构求学。1924年，他踏上远东之旅，来中国和日本学习东方绘画。作为南卫理公会大学的毕业生，郎特利在上海顺理成章地入住复兴公寓。他的画展在1925年11月11日至11月14日举行，地点就设在公寓的25号房间，展览时间是每天下午的3点至6点。这场画展或许是该楼建成后的第一次艺术展览，颇受当时上海媒体的关注，不仅西文媒体《大陆报》进行了报道，就连很少关注法租界西区的《申报》也刊布了这次画展的消息。

除展览以外，举办会议也是这一公寓的重要功能。1926年2月23日，在大楼的会议厅内，举办了一场别开生面的讨论会。这次会议由美国大学妇女联合会（American Association of University Women）发起，旨在讨论上海公共租界和法租界内的男女平权问题。但在当日下午，会议举办方邀请阿乐满（Norwood Francis Allman）和李锦纶分别就"中国的条约体系"和"为什么中国认为条约体系是不平等的"两个主题发表演讲。当日李锦纶因病未能出席，由他在沪江大学的同事夏晋麟代为发言。这次讨论颇受西侨社区关注，当时上海的主要英文媒体《大陆报》《北华捷报》和《密勒氏评论报》都进行了报道。

熊毛联姻与黑石公寓

作为上海规模较大、设施优良的大型公寓，复兴公寓的住客不乏各界要人。除了前文已经提到的各国外侨之外，该公寓也颇受国人喜爱。在众多中国住客当中，名气最大，也最具故事性的当属北洋时期的国务总理熊希龄。

熊希龄，字秉三，湖南凤凰人。同治九年（1870）生人，光绪朝进士。辛亥革命后，历任财政总长、内阁总理等职，后脱离政坛投身慈善活动，创办香山慈幼院。熊希龄一生经历了三次婚姻，第二任夫人逝世后，熊希龄于1935年迎娶才女毛彦文为第三任妻子。熊毛联姻本属私事，但一则由于二人皆为社会名人，熊曾出任国务总理，而毛则是复旦、暨大双料女教授；二则由于毛彦文的情路颇为坎坷，与朱君毅、吴宓均有情感纠葛；三则由于熊毛二人的恋情颇具故事性，据说熊希龄为赢得毛彦文的芳心，竟将蓄了几十年的长须剃去。所以，在报纸的推波助澜之下，他们的恋情逐渐演化为一个被"吃瓜群众"反复消费的热点话题。

熊毛二人的婚礼于 1935 年 2 月 9 日在上海公共租界西藏路上的慕尔堂举行。当天的观礼来宾有一千余人之多，党政军学，黑白两道的"闻人大亨"悉数到场。据《申报》记载，来宾包括黄郛、李石曾、吴铁城、潘公展、贺耀祖、刘鸿生、虞洽卿、钱新之、陈光甫、王晓籁、林康侯、章士钊、董显光、张寿镛、唐寿民、梅兰芳、杜月笙、张啸林等人。婚礼结束后，两人在北四川路新亚酒楼设宴答谢。为躲避闹新房的窘态，新婚当晚两人借住于外滩惠中酒店。新房则设在今复兴公寓内，当时该公寓被称作花旗公寓。

　　新婚第二天，熊希龄、毛彦文即搬回花旗公寓居住。两人的新房设在 3 楼 36 号，《申报》曾派遣记者专门探访。该房每月租金 148 两，为二等客房。内有会客室 2 间、卧室 2 间，同时附设厨房和浴室，并配有一名男仆。除酒店配备的设施之外，新房内还挂有马相伯所赠对联，恽寿平所题吴门女史范雪仪的工笔人物画八幅以及一些西洋名画。

　　尽管年龄差距较大，但这并未妨碍两人的恩爱。在新婚满月当天，熊希龄提笔绘了一幅《莲湖双鹭图》赠予新婚妻子，并题词：

　　　　缟衣摇曳绿波中，不染些儿泥垢。玉立亭亭飘白羽，同占人间未有。两小无猜，双飞不倦，好是忘年友。粉厣香腮，天然生就佳偶。

　　　　但觉得万种柔情，一般纯洁，艳福容消受。轻语娇频沉醉里，甜蜜光阴何骤？纵与长期，年年如此，也若时非久，一生花下，朝朝暮暮相守。

　　两人在花旗公寓度过了甜蜜的两个月后，迁往同在法租界的吕班路巴黎新村 19 号居住。大概是怀念新婚的美好岁月，两人在结婚周年纪念日，又短暂搬回花旗公寓居住，熊希龄照例又赠给毛彦文一首词：

念 奴 娇

丙子二月九日为余与彦文结婚周年，仍移居花旗公寓以纪念之。

花旗翻处，记那时，衣香怖暖人醉。玉镜台前灯影下，波转几回偷视。欲语还羞，将眠复坐，低问宵深未。一年容易，重温犹有余味。

昨日刚过元宵，千门万户，灯月迎春意。依旧归来双燕子，共把香巢回忆。玉种因缘，泥抟你我，便是年来谜。几生修到，两情长此相慰。

熊希龄、毛彦文结婚周年照

然而，令人扼腕叹息的是，两人婚后的幸福生活并没有持续多久，便被卢沟桥畔燃起的抗日烽火打断。抗战全面爆发之后，身为世界红卍字会中华总会会长的熊希龄，便全力投入到难民救济工作当中。在上海、南京相继沦陷以后，熊希龄携毛彦文南下香港，打算转往长沙主持香山慈幼院分院工作。1937年12月25日凌晨，熊希龄在香港突发中风，不幸逝世，享年六十八岁。此时，熊毛联姻还未满三年。此后，毛彦文孑然一身，直至终老。

海上名宅话"新康"

张 伟

上海寸土寸金，核心地段更往往以钻石来形容，而既处核心地段，充分显示钻石的尊贵，却又闹中取静，享受一份文人的悠闲，这就只能让人羡慕嫉妒恨了。新康花园，足以当得起这样一份骄傲。

一

这是一个颇为奇特的住宅小区，其全部建筑群竟然南北连接了上海的两条著名马路：南面是复兴中路 1360 弄，推开小区铁门进去，四幢五层公寓住宅四角对峙，优雅地合围出中间的公共地带。因是点式分布的公寓建筑群，故这个区域又叫做"新康公寓"（Ezra Apartments）；从南部一路前行，到达北部已来到著名的淮海中路，门牌号是 1273 弄，14 幢两层花园住宅沿着整条弄堂两两分列，中规中矩，整齐规范。北部区域的住宅因都带有庭院，故名"新康花园"（Ezra Court）。这南北贯通的两片区域占地面积 19.52 亩（13 013.3 平方米），1934 年由新康洋行建造，按"小区域服从大区域"的习俗，又整个被叫做"新康花园"。

新康花园（贺平　摄）

　　不管是新康公寓还是新康花园，它们的英文名称中都有一个名词：Ezra，其对应的汉译名是：埃兹拉。熟悉上海历史的人大都知道，这是一个在近代上海非常有影响的犹太家族。上海开埠以后，最早抵达上海并开设洋行的，就是以对商机嗅觉敏锐而著称的犹太人。1843年，由总部设在印度孟买的沙逊洋行老板大卫·沙逊的次子伊莱亚斯·大卫·沙逊率领的一行人抵达上海，并于1845年建立了沙逊洋行上海分行（后又称老沙逊洋行），由此开启了近代犹太人在上海的历史。当时，掌握上海工商血脉的外国人中，尤以犹太人为多，最著名的除沙逊、哈同外，还有嘉道理家族、安诺德家族、索福家族等，埃兹拉家族也是其中的重要成员。

　　1886年，伊萨克·埃兹拉（Isaac Erza）在上海创办新康洋行，最初也以鸦片贸易为主，至20世纪初始开始有所改变。1906年，二十三岁的爱德华·埃兹拉（Edward Erza）从父亲手中接过新康洋行，将洋行的经营方向从鸦片贸易转到大规模的房地产建设和经营上。其时，爱德华·埃兹拉已在上海犹太人中崭露头角，他是第一个在上海出生的工部局董事。在此之前，他于1903年出任犹太人上海锡安主义协会秘书长，这个协会是上海犹太人最重要的一个组织。1907年3月10日，爱德华·埃兹拉和莫泽勒·索福（Mozelle Sopher）在埃尔汇堂举行婚礼。和爱德华·埃兹拉一样，莫泽勒·索福也是土生土长的上海犹太人，她是M. A.索福的女儿。至此，上海犹太人中的两个重要家族：埃兹拉家族和索福家族因联姻而携手，势力更加强大。1917年，爱德华·埃兹拉出资收购《大陆报》并出任董事会主席一职，这是第一份由职业新闻记者创办的近代在华英文报纸，也是民国时期最早、最重要的美式报纸。爱德华·埃兹拉过世后，他的两个妻弟阿瑟·索福和西奥多·索福又先后担任《大陆报》的主编，两大家族前后掌控《大陆报》约三十年。

1912年，爱德华·埃兹拉在法租界霞飞路（今淮海中路1209号）建造自己的宅院，这是一座具有外廊式建筑特点的二层花园住宅，装饰非常豪华，室内布置路易十五时代宫廷样式的家具，底层大厅可供一百五十人举行舞会，音乐室举办音乐会时可容纳八十位客人。宅院南面有大片的草坪和树木，郁郁葱葱，赏心悦目。其时正是这位犹太富商达到事业巅峰时期，到20世纪20年代，爱德华·埃兹拉已成为当时上海最大的房地产商之一，属下公司在南京路、新闸路、江西路和虹口地区拥有大量的房产，著名的新康大楼（位于江西中路、九江路，其转角底层后被承租商家改建为室内商场，取名"中央商场"，成为上海闻名的小商品和旧货市场）、上海最大的石库门里弄新康里（位于新闸路、大田路两侧，建有700多幢房屋，是房屋数量最多的上海里弄，后来卖给斯文洋行，才改名斯文里）等房产，大都建于此时。

爱德华·埃兹拉和他的两个妻弟阿瑟·索福和西奥多·索福关系比较密切，他们的座驾都是当时的豪华车帕卡德（Packard），购地置产也往往同步相邻。1912年爱德华·埃兹拉在霞飞路建造宅院之后，他和两个妻弟又在宅院相邻之处几乎同时购地建屋，这就是埃兹拉私人花园（今淮海中路1273弄新康花园）和索福私人花园（今淮海中路1285弄上方花园）。这两处私人花园占地广阔，花木扶疏，园内设施也极为齐全，有网球场、游泳池等，非常适合举行室外活动。上海犹太人社交活动的一个重要内容就是经常性地举行各种聚会，除了犹太会堂外，一些犹太富商的花园也是日常聚会的重要场所，其中，嘉道理家族的大理石宫、哈同的爱俪园等，都是上海犹太人的社交据点。霞飞路上的埃兹拉私人花园和索福私人花园建造完成后，很快成为犹太人的社交活动的据点。埃兹拉家族就曾在霞飞路上的花园私宅里宴请过中国电影皇后胡蝶，索福兄弟在私人花园里经常举行聚会，邀请中国科学美术学会和短篇小说俱乐部成员参加，讨论中国的文化艺术和科学。

1933年，浙江兴业银行购得索福私人花园这块地，由英籍建筑师事务所新马海洋行设计，建造三层花园住宅共74幢，用作员工住宅。花园名称起初仍以"索福"（Sopher）原名的译音命名为"沙发花园"，后由商务印书馆元老张元济先生正式定名为：上方花园。虽然1933年兴业银

爱德华·埃兹拉于 1912 年在霞飞路上建造的私人宅院（今淮海中路 1209 号）

爱德华·埃兹拉

行就购得此地准备建造公寓，但由于资金困难等种种原因，上方花园一直延至 1939 年起才逐渐交付使用。就在 1933 年，埃兹拉私人花园这块地也开始由新康洋行运作进行改建，同样请新马海洋行设计，改建目标为高级公寓式花园里弄住宅。新康洋行财大气粗，改建工程进行很快，1934 年即宣告竣工，"新康花园"这一名宅由此在上海大地上诞生了！

二

新康花园坐落在淮海中路南侧，复兴中路北侧，近汾阳路、宝庆路，与上方花园相邻。它有两个门牌号：南部是复兴中路 1360 弄 1—4 号，即四幢五层公寓，一幢一号；北部为淮海中路 1273 弄 1—28 号，即十四幢二层花园住宅，其中十一幢是 1934 年所造，每幢二层，每层一户人家，一个门牌号，单号是一楼，双号是二楼，一共 1—22 号，22 家住户。在公寓和花园住宅之间，当时另建有平房汽车间及附屋 25 间，主要是给那些外国人和官员的汽车司机居住的。2000 年政府进行旧屋改造，这些汽车房被推倒重建，建造了三幢和原先花园住宅风格相同的二层住房，房号是 26 号、27 号和 28 号，这样，新康花园的房号对外标的是淮海中路 1273 弄 1—28 号，其实，23—25 号是没有的，故实际居住业主是 25 户。

新康花园的建筑风格是西班牙式。北部 11 幢砖木结构花园住宅沿着整条弄堂两边分列，平缓的屋顶和花园墙的顶部都披着红色的筒瓦，沿着屋顶的红色瓦片下檐边有连续的邮票齿形连续拱券纹。每一幢住宅都有两层，一层一套，全部分层分户处理，底层和二楼住户各有自家门户进出，互不干扰，设计非常人性化。底层有外廊，套内房间为前后两排横向展开，前排中间为起居室，两边为卧室，均设有内阳台，后排为餐厅、厨房以及佣人卧室。外面还有汽车间，两层共享。外廊前方有一个近40平方米的花园庭院，庭院低矮的围墙上开设长方形镂空窗花，围有篱笆围墙（现在的围墙为"文革"后改建）。庭院内植雪松，苍翠挺拔，郁郁葱葱，营造出幽静的氛围，成为新康花园一大特色。二楼由西北角边门直上扶梯，起居室前为凹廊式大阳台，有红色筒瓦、铸铁阳台栏杆等典型构件，两根爱奥尼亚式螺旋形立柱和三段拱形凹入墙面将整个阳台三等分。东西为卧室，后排也是餐室、厨房和保姆间，另有晒台，即在底层汽车间上。每层建筑均有两个卫生间，每套建筑面积都在200平方米左右。这些建筑元素非常简练，彰显了西班牙式建筑的特征。

新康花园弄内走道十分宽敞，南北主通道宽达6.5米，东西向八条次通道也有5.5米宽，弄内中段还设有停车位，设计周到细腻。沿着弄内主通道一直往前走，到达南部底端，那里是复兴中路以北一块方形的土地，开发商在这块土地上建造了四幢五层公寓，每幢各居一角，呈点状式分布，大门均面向中央的公共花坛。公寓一、二层外立面加横线条，上三层为素面，顶部为平台。一到三层每层为两套两室户，四、五层为跃层两套四室户。主要房间的面积均为23—35平方米。新康花园南部区域的这四幢五层公寓，就是外间习称的"新康公寓"。

新康花园当年所在位置，正处在繁华优雅的霞飞路和僻静开阔的徐家汇交接处，可谓最受富人青睐的居住理想之地；而它建造的住宅现状如大面积、多居室、拥有花园、汽车间，还辟有佣人和汽车司机用房，这些都决定了其高级里弄公寓的定位。新康花园从设计到建造，均是为洋行高级职员所量身打造，以后又因其超高的居住品质，这里又陆续搬进了不少各部门高官和各国富商，"新康"遂成为上海滩上高级住宅区的代名词。

三

1949 年 5 月，人民解放军渡过长江，占领上海，共产党接管了政权，上海换了江山。改天换地之际，各界自然动静不小，商界、实业界也发生了很大震动，最直接的变化是那些外国人陆续撤出了上海，腾出了很多公寓别墅，新政府对这些空房进行再分配势之必然。像新康花园这样的高级花园式里弄公寓，原先的住户走的走，跑的跑，基本都撤离了，闲置一段时间后，很快就迎来了新住户。

新康花园 1949 年后定位的住户对象是文艺界、医学界的高级知识分子和政府机关的各级干部，根据各自的级别，他们被分配住进不同的住房。当时任中共华东局财政经济委员会副主任的马天水，当时就带着秘书住在公寓 2 号楼的4—5 楼；以后曾任上海市领导的陈同生、陈铁迪、刘震元、左焕琛，还有一些中央部级机关和外省市的老干部，如交通部副部长李维中等，也都曾在新康花园居住过。

今年已经八十五岁高龄的沈育英阿姨，可能是新康花园目前"居龄"最久的住户了。沈阿姨是 1955 年嫁给市委财贸政治部的干部郑元庠的，她清楚地记得，那一年她二十一岁，结婚当年，就随丈夫住进了新康花园。政府当时按行政级别高低安排住房，有住二层楼花园住宅的，也有住五层楼

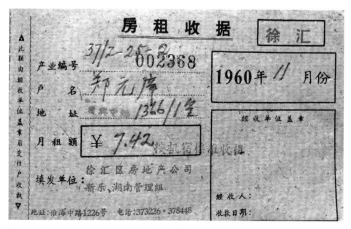

郑元庠、沈育英家 1960 年 11 月房租收据

采访合影（左起：湖南街道淮海居委会干部李娆宁、沈育英、张伟）

高级套房的。郑元庠当时只是科级干部，住进了新康公寓4号楼1室，分配的住房是最小的34平方米的一套间。这34平方米是实际居住面积，房间可以隔成二间，卫生和厨房都是独用，而且房租是按机关宿舍标准收取，非常便宜。沈阿姨还记得，他们住的这间房，最初房租每月仅仅只有5元多一点，即使到了经过调整后的1960年，房租也只有7元4角2分，仅占他们夫妇俩收入的二十分之一。那时，他们的小日子过得简单而充足，对将来的生活充满了憧憬。

但谁也没能想到，他们幸福的日子并没有能维持多久，1961年郑元庠就因病早早过世了，生活的轨道一下子就转了向。当时沈育英已经生育了三个孩子，大的刚四岁，最小的才六个月，家庭生活的全部重担都压到了她一个人身上。那时，沈阿姨的行政级别是22级，一个月的工资收入是60元。为了照顾孩子，她必须把妈妈接来一起住，这样，60元钱要养活大大小小五个人，生活之拮据可以想象。当时，沈阿姨一家生活之节俭是出了名的，附近菜场商店的营业员都知道，她去那里经常买的就是青菜、萝卜、乳腐、馒头之类最便宜的，只有逢年过节才会捎带上一点荤腥。青菜豆腐和泡饭萝卜干几乎成了他们全家一成不变的食谱。虽然家境贫寒，沈育英对孩子们的学习却始终抓得很紧，不敢有丝毫松懈。穷人的孩子早成熟，她的三个孩子虽然啃的是咸菜萝卜，但学习成绩却门门优秀，大儿子在1977年就考上大学，如今已是某重点高校计算机系主任；另外两个子女也都学业有成，在各自领域内都堪称成功人士。

由于常年操劳过度，沈育英1995年罹患上了结肠癌，病情来势汹汹，十分危急。所幸，她遇到了一个好邻居，一个在医学领域享有盛名的专家——汤钊猷教授。说起汤钊猷，在中国医学界，特别是在中国抗癌领域，这个名字几乎无人不知。他是中国工程院医药卫生学部首批院士，著名肿瘤外科学教授，因肝癌早诊早治，提出"亚临床肝癌"概念，而被国际肝病学界认为是"人类认识和治疗肝癌的重大进展"，并获得美国金牌奖。他还在1986年和2006年两次荣获国家科技进步一等奖。曾任上海医科大学校长、中华医学会副会长、中国抗癌协会肝癌专业委员会主任委员等职。汤钊猷住在3号楼，和沈育英是邻居。沈阿姨退休后担任居委会小组长，平时为人热心，对邻居嘘寒问暖，左邻右舍也经常托她代办一些琐事，而汤钊猷就是这其中的一个，他甚至把自己和夫人李其松的身份证也放在沈阿姨家，以方便代理一些事情。为感谢沈阿姨的热心帮助，汤钊猷教授每出版一本专著，都会在扉页认认真真地写上自己的名字赠送给沈阿姨。沈阿姨罹患癌症的消息传出后，汤钊猷和夫人十分关切，亲自上门看望，为她仔细诊治，并坚持每周一次根据她的病情变换开出新处方。沈阿姨将这些处方拿到医院和药房，那里的专家看了都赞誉不已，羡慕她身边有这样一个顶尖的国家级专家亲自为她治疗。度过危险期后，汤钊猷、李其松夫妇根据沈阿姨的身体情况，不赞成化疗，建议进行保守疗法。病情稳定进入康复期后，汤钊猷、李其松夫妇又及时提醒她定期复查。就是在这样悉心的治疗和呵护关心下，沈阿姨身体恢复得很好。如今二十多年过去了，她依然腰板硬朗，神清气爽，一眼望去，完全看不出这是一位曾经罹患癌症且已八十五岁高龄的老人。沈阿姨住进新康花园已经六十四个年头了，如今仍然还在小区继续为左邻右舍操心，发挥自己的余热。

漫步在新康花园，你最有可能碰到的，也许就是那些医学专家了。如住 14 号的董承琅（1899—1992），二十五岁即获得美国密西根大学医学博士学位，是我国著名的心血管内科专家，中国心血管内科学的奠基人，上海第二医科大学（今上海交通大学医学院）一级教授，上海市第六人民医院内科主任。中国使用的第一台心电图机，即是他九十多年前从美国带回来的，现在的很多医学院士和著名教授，也多是他的门下弟子。如今说起董承琅医生，医学界人士形容其是"神一样的存在"，新康花园里的居民至今还清晰地记得，当年经常看到他急匆匆拎着包外出，乘上来接他的小车赴北京为领导干部出诊治病的情景。

　　说起新康花园和医学的关系，不能不提到公寓 3 号楼，这是第二军医大学的宿舍用房，很多名医住在里面，而若要在其中挑选一位来代表，那么，第二军医大学长征医院神经外科主任、国家一级教授朱诚，可谓合适人选。朱诚是我国现代颅脑创伤学的主要开拓者，也是军队神经外科的主要奠基人之一。早在 1949 年他就随中国人民解放军第七兵团参加浙江沿海岛屿的解放战役，负责战地手术救护；以后又任浙江军区直属医院外科主任，负责组织领导抗美援朝晚期战伤的救治工作。1957 年，他调到上海第二军医大学，一手组建了长征医院的神经外科队伍，使长征医院的颅脑外科医治水平达到了全国领先水平。朱诚在重型颅脑创伤救治的临床、科研和教学工作方面倾注了毕生心血，取得了巨大成就，作为著名的医学泰斗和教育家，他不仅医术精湛、硕果累累，先后获得国家科技进步二等奖、军队医疗成果一等奖等，而且一生育人无数，桃李遍天下，培养神经外科硕、博士 60 余人，并培养了无数神经外科专家。2017 年他以九十五岁高龄病逝时，发来唁电、参加追思会的同事、学生，犹如我国神经外科精英队伍的一次大集合。

中国心血管内科学的奠基人董承琅、中国著名肝病学科的权威汤钊猷、中国现代颅脑创伤学的主要开拓者朱诚，这三位堪称我国医学界三个不同领域内的最高权威，他们救治了无数病患的生命，是我国医学界的精英和骄傲，新康花园是他们数十年来遮风避雨、赖以存身的居所，新康花园与有荣焉。

四

接下来我们要说的画家颜文樑，他可能是新康花园里知名度最高的一位居民，不少名家在他们的文章中描述过他在新康花园中的点点滴滴，网上更是可以找到颜文樑在新康花园中的很多逸闻轶事。

颜文樑（1893—1988）是苏州人，也是苏州美专的创办人，但他和上海却有着密不可分的关系，这倒不是因为他曾经担任过上海美术家协会的副主席，而是他长期在上海工作，并且还在上海居住。他的住宅就在新康花园，门牌号是17号，曾经有多位名家在他们的文章叙述过颜文樑在新康的这个家。作家陈丹燕用她那感性的文字对颜文樑的居所进行了细腻的描绘："那是一条宽敞的大弄堂，西班牙式的两层楼房子一律刷成了绿色，失去了白墙红瓦的西班牙房子那种开朗和火热，以及温柔的悠闲，被一棵棵高大的雪松掩盖着的小绿房子，像波兰南部森林里的小矮人一样……绿色的房子有棕色的木头大门，门开了，里面是老房子的昏暗和老宅地里面的特别气息，混合着老人的呼吸、油画布上松香水的辛辣、热过剩菜以后残留下来的气味，旧书落了细尘的干燥纸页，还有老家具返潮时樟脑和木头的芳香一点点散了出来。玄关上有一盏老老的玻璃罩子灯，做成一朵金黄色倒挂着的铃兰花的样子，用微微生锈的铁环吊下来，让人想起巴黎的世纪初，从梯也尔血洗巴黎中走出来以后风行的新艺术风格的灯饰。可这灯不是颜文樑当年从巴黎带回来的。当年他从巴黎带回来的是一万多册美术书和五百多具著名雕塑的石膏复制品，没有为自己家带什么回来。客厅里很暗，开着日光灯，壁上有两面金框围着的镜子，上面蒙了灰、水汽和餐桌上散过来粘上的油腻，当把镜子边上的金色长蜡烛灯点亮时，镜子里朦朦胧胧地反射出一只齐胸的、精致地雕刻着花纹的柚木架子，那是从前为一套法文的百科全书专配的书架，那羊皮面子烫了金的书不是放在桌子上平着翻的，而是要将它架在这书架上，微微向你斜着。在它的后面，是那一书橱的百科全书，顶上放着一个旧马粪纸的纸板箱，粗糙的黄底子上印着丰收牌干菜笋的红字。"（《上海的风花雪月》，作家出版社 1998 年版）

画家陈丹青是"文革"期间，即 1971 年前后到似乎隔绝乱世的新康花园 17 号拜访颜文樑先生的，先后有过几次。陈丹青用他画素描的笔，活灵活现地勾勒出了颜文樑先生的言语表情和神态动作："门铃按过，脚步声拖拖沓沓由远及近至少两分钟：是老先生亲自开门。那段走廊几步即可走完，颜先生老了，快有八十了吧，一步几寸一步几寸，他是小脚太婆似的蹭着走来的……颜先生相貌活像缩小的董必武，身高仅及我胸，颅顶灰发稀少如婴儿乳毛初生，布满浅褐的老人斑。那时的拜见前辈，一类是休想瞻仰画，单是教而训之；一类是郑重出示，如承恩宠。颜老却是开心巴结取画来，还非要连着镜框搁在光线恰当处，后来出国，知道这是西人示画的好习惯。他一幅一幅取出时总会嘟囔道：'哎，这幅还有点意思，好看么？还有一幅还要好！'我们聚拢脑袋，他也嘘嘘挤过来凑着看，好像存了三五十年的老画还没看够似的。一幅细密的花果静物，他颤巍巍指点葡萄上的晶莹水珠；一幅上海人民广场的俯瞰式风景，他唯恐我们看漏，端出来，即手指下角屋顶上的一只猫，同时笑悠悠说起有人要来买，'出四百块钱，但是呢，画不就给人家拎了去么？我不过拿到一叠子钞票'。他于是欠起身子，对着阳光，手指虚虚捏一捏，做薄薄一叠钞票状，瘦软的手掌在阳光里像蜡烛般苍白而透明。"（《多余的素材》，山东画报出版社2003年版）

我在新康花园采访时，听到人们说的最多的就是颜文樑，似乎人人都认识他，或者至少都知道他。颜文樑生于1893年，现在的人和他隔着几代呢，只是老人为人良善，人缘极好，于是口口相传，遂成为新康花园的一代偶像。颜文樑出生于苏州干将坊的一个绘画世家，父亲颜纯生是近代绘画大家任伯年的入室弟子。1908年，颜文樑于上海商务印书馆当学徒时，即在日本画师指导下开始学习西画。1922年回苏州创办苏州美术专科学校，1928年入法国巴黎高等美术专科学校，师从皮埃尔·罗朗士教授学画。1932年学成归国时，购置并运回著名雕塑石膏像近五百件，美术图书万余册，使苏州美专的教学设备名冠全国。1949年后，他一直在上海、浙江、江苏三地从事绘画和美术教育工作，而新康花园则是老人长期居住的地方。因老人名气大，在"新康"居住时间长，脾气又好，故不管认识不认识，新朋旧友来这里探望老人的特别多，时间一久，老人便成了新康花园的一道风景线。颜文樑平时出来在花园里散步，逢人便打招呼，态度极和蔼，就是看见小朋友，他都要停下来和他们握握手，有时还掏出糖果请他们吃，哄小朋友们开心。有一位住在新康花园的老住户，在一篇文章中专门描述了这一场景："弄内所有的孩子，都不会忘记他慈祥的模样，都与他握过手，包括我的儿子。老先生走路已经直不起腰，但经常在他的一位学生陪伴下，在弄内散步。当见到有孩子迎面，老先生一定停步驻足，伸出他慈和的手掌，与孩子相握，并致意问好。我不知道那些陌生的孩子被老人的手握住是何等心情，但当我第一次见到这个情景，不由怦然心动，被老人自然流泻的慈爱感动。这是颜老先生在世时，新康花园一个独特的美丽镜头。"（章洁思《淮海中路新康花园》，2011年3月25日《文汇读书周报》）老人那弯着腰，低着头，蹒跚行进的身影，是那里的不少老住户心中永远挥不去的回忆。

熟悉新康花园的人都知道，那里的花园洋房，凡单号的一律在底层，双号的则都在二楼。颜文樑住17号，是一楼，他的楼上18号是著名越剧演员袁雪芬的家。新康花园中的住户，除了医学界的名医，文艺界的名人也不少，如电影演员赵丹、黄宗英，音乐家丁善德，作家黄源，戏曲影视三栖演员吴海燕等。其中，较早入住新康花园的是袁雪芬，时间大约在1958年。作为地方戏曲的演员代表，袁雪芬一直受到共产党的关照，1949年9月，她和梅兰芳、周信芳、程砚秋作为戏曲界特邀代表参加了第一届中国人民政治协商会议，并出席了10月1日的开国大典。自1950年起，她还先后担任了华东越剧实验剧团团长、华东戏曲研究院副院长兼越剧实验剧团团长、上海越剧院院长等职，可以说在上海乃至华东的戏曲演员中，没有比她更红的。袁雪芬曾在一篇文章中回忆：周恩来曾经三次亲自到过她在上海的家来看望她，其中两次是在她当时在静安新村的家。（袁雪芬《周总理、邓大姐对我的关怀和教育》，《越剧艺术家回忆录》，浙江人民出版社 1982 年版）另一次，则是她搬入新康花园之后了。我在新康花园采访时，不少居民和我说起这件事，他们回忆，当时也住在新康花园的上海作协副主席靳以陪同周恩来和陈毅去 18 号看望袁雪芬，陈毅看着书架上琳琅满目的中外名著，笑着问：雪芬同志，这些书你都看完了吗？周恩来开口替袁雪芬解围：难道陈老总你都看了？书总要一点一点读嘛。靳以是 1958 年底搬进新康花园的，次年 11 月就因病过世了，那么，周恩来和陈毅的这次造访新康，应该是 1959 年的年中了。

　　住在新康花园 3 号的靳以（1909—1959），原名章方叙，靳是他母亲的姓，他笔名中的"靳"，就是沿用母姓，人们也都习惯叫他靳以。他是著名作家，在三十多年的创作生涯中，为后人留下了包括长篇、中篇、短篇小说和散文随笔等四十多部作品；他又是一位杰出的编辑家，一生编辑出版了《文学季刊》《水星》《文季月刊》《文丛》《小说》等十多种颇具影响的文学期刊以及多种报纸副刊和丛刊，几十年来培育了一代又一代优秀的文学青年，同时为现代文学史留下了一笔宝贵的精神财富。他最后和巴金合作主编的大型文学期刊《收获》，在新中国文坛独领风骚数十年，成绩卓著，影响深远。1949 年后，他在复旦大学担任校务委员和工会主席，在沪江大学担任教务长，忙得不可开交。1953 年，靳以离开教育系统，调入华东文联任代秘书长，后又任上海作家协会常驻副主席，主持作协的日常工作。那几年，他的家随着工作的调动而经常变动，先后住过长乐路蒲园、卫乐公寓、茂名公寓等十几个地方。1958 年 12 月 31 日，靳以的家搬到了新康花园，组织上征求他的意见，问他打算住哪里，他选择了离花园大门最近的 3 号，有花园的底楼，那是为了照顾因病致残、腿脚不便的女儿进出方便。靳以是喜欢和朋友相处的，他在蒲园时和大学同学康嗣群住一起，住卫乐、茂名时，周围邻居有罗稷南、赖少其、孙大雨、王若望、孔罗荪、唐弢、吴强等一批朋友，一点也不寂寞。现在到了新康，唯恐四周寂寞无声，没有朋友交往。还好，靳以刚在新康住下，先他入住的袁雪芬就来看望了，他们是文联的同事，彼此相熟，现在又住到了一个小区，来往更方便了。何况，还有住在隔壁上方花园的朋友唐弢、师陀，更有离新康不远的巴金。巴金的妻子萧珊是靳以妻子陶肃琼的中学同窗，还是靳以女儿章洁思的干妈，她经常来这里看望靳以一家，和靳以的妻子挤着坐一个沙发，家长里短，互诉心曲，旁若无人地放声大笑，好像又回到了少女时代。

那时，靳以正在主持编辑《收获》，还要参加各种政治运动，特别是党向知识分子发出了"上山下乡"的号召，靳以被要求下到基层工厂去深入生活，参加劳动，进行思想改造。于是，从 1958 年开始，他下到国棉一厂，开始了他上午在编辑部工作，下午去工厂劳动的紧张生活。靳以年轻时就患有风湿性心脏病，劳累过度就容易发作，1959 年，他因心脏病突发三次被送进华东医院急救。这年的 11 月 6 日深夜零时，靳以在医院突发心力衰竭，前后仅历时 16 分钟，就因抢救无效而与世长辞。巴金在靳以病逝后一个月内接连写了三篇文章，悼念他的最亲密的朋友和同事，在其中一篇文章他写道："我永远忘不了医院里的两三个钟头：天明以前的寒冷的夜，阴暗的大厅，轻微的人声，难堪的等待。为了不要叫出声来，我不能不几次咬紧嘴唇。我到过太平间，我又回到大厅。你那张没有血色的脸绞痛了我的心。难道这就是诀别？难道这就是三十年文学生活的结束？难道一颗火热的心就这样无声地死灭？难道一个光辉的生命就这样淡淡地消失？为什么不给你更多的时间让你完成计划中的工作？"（《哭靳以》，1959 年 12 月 8 日《人民文学》12 月号）

靳以生前最后一张留影是在他自己的家——新康花园 3 号的庭院里拍的。他最疼爱也最挂念的女儿章洁思在一篇文章中回忆："我望着父亲的最后一张留影。他就站在家中的庭院内，站在那棵忽然枯萎、却通人性的雪松之下。父亲的手轻插在腰际，眉头却轻皱着。他的脸上，写满疲惫。我记

采访合影（章洁思、张伟）

得，那正是他去世那年（1959 年）的春夏之交，我们把他从书桌前唤出来，留下这一张影。那时，他的工作已经超出他的心脏负荷，然我们（包括他自己）都全然不知。"（《与父亲一同看照片——代编后记》，《靳以影像》，上海文化出版社 2009 年版）我那天在新康花园 3 号客厅里和章洁思交谈，发现就在她的背后，靳以的照片高高悬挂着，那睿智的眼神充满着对生活的眷念。在女儿的心里，父亲永远活着。

多姿多彩的新康花园，那些人和那些事，使这里的一砖一瓦、一花一草有了生命，也有了意义。繁华与典雅，热闹与清幽，高贵与平凡，如此和谐地融合在了一起，积聚起丰富的文化积淀，让这一切获得了传承。

这是上海最美丽、最具故事的地段！

法国式公寓里弄：克莱门公寓

惜　珍

　　在上海的老公寓中，我比较喜欢坐落在复兴中路1363号的克莱门公寓（Clements Apartments）的外貌。远远看去，它有点像小时候搭的积木，色彩丰富，造型跌宕多姿，还带点梦幻色彩，令人遐想。克莱门公寓不是一幢公寓，而是法国公寓式里弄，大门朝北。公寓沿街设有简洁大方又别致的一层门楼，有三个拱门：中间一个最大，有两扇大铁门，可以将汽车开进去；旁边两个拱门是封闭的。这个门楼将公寓立面的基调悉数包括在内，底色为水泥拉毛粉刷，周边镶砌棕色面砖，两侧辅屋盖红瓦屋面，色彩对比强烈，在低调宁静的复兴中路上非常抢眼，颇具视觉冲击力。它的对面就是新建的上海交响乐团音乐厅。

　　克莱门公寓建成于1929年。"克莱门"的名字源自上海法商电车电灯公司的大班、比利时人克莱门。据说此人当年因受公司排挤而成为独立商人后，嗅到20世纪20年代外国人来沪住房难的商机，做起了建出租房的生意。于是，便与教会共同投资建造了克莱门公寓和陕南邨。克莱门公寓是融合装饰艺术风格、具有欧洲传统手法的红砖墙公寓。在立面处理上可以看出欧洲古典建筑常用的三段式痕迹：一层基座用清水砖墙饰面，显得较为厚重；二层以上的中段部分用手工痕迹较强的弧形拉毛水泥粉刷；屋顶以双坡顶为主，结合其他屋顶形式形成较丰富的屋顶形态，窗套、墙转角处及窗间墙等部分镶嵌棕色面砖。整个外观呈现英国亚当时期建筑风格。用院内住宅与绿化组成不规则的形态来界定庭院的空间，呈现出一种比较自由放松的空间感。这个公寓弄堂由5幢3—4层的楼房组成，呈梅花瓣形排列，房屋编排为 A（1号）、B（3号）、C（20号）、D（24号）、E（正中）5幢，另有附屋（汽车间）平房。楼房屋顶均有老虎窗，坡屋面为红色机制瓦，造型丰富，个性鲜明。南立面山墙为跌檐式山墙。一部分盔甲式屋顶以及碉堡式的顶楼阳台，则是德国古典建筑风格的主要标志，在一些细节上，还能隐约看得出德国古堡设计风格。正对小区大门的 26 号，红色大门上发散式的装饰图案，是典型的现代装饰风格。克莱门公寓将英式、法式、德式和现代装饰派的建筑风格融合在一起，显得非常特别。糙面水泥砂浆墙面，饰以清水红砖镶拼的图案、线脚，砖饰图案既有西方传统特点，又有现代装饰意味，是一种法式简洁的古典几何图案，建筑最大特点是精致的砖工，室内部分装修如楼梯栏杆、门扇等处已具有现代装饰艺术派风格的特征。

新中国成立前，克莱门公寓作为设施完善、管理成熟的酒店式公寓，主要是供少数外国人休闲娱乐的场所，里面居住的大都是洋行里的外国人，也有少数中国富商豪绅。住户中不乏上海知名商事机构的公司或洋行里的管理人员，如德商德孚洋行部门负责人 W. Balz、德商禅臣洋行部门经理 F. Bbargmann、丹麦慎昌洋行部门负责人 Charles M. Cole、英商上海电力公司高级工程师 S. E. Clark、美商中和灯泡公司

克莱门公寓（贺平 摄）

克莱门公寓（贺平 摄）

克莱门公寓（贺平　摄）

总经理 B. Engelhardt 等。公寓每个楼层设有九套房间，每套房间内卧室、卫生间俱全，但不设厨房。每间房均陈设有法式家具，供租赁人使用。每栋建筑的北侧中部向内凹入，在凹入部分设主出入口和楼梯间。各户通过门厅进出各个房间，进门后便是设有内阳台的客厅，客厅南侧配置主卧室，卧室内附设壁橱和带浴盆的独立主卫生间，北侧配置次卧室和带壁橱的餐厅，次卧室有门可通往阳台。每间房均有良好的通风采光。公寓有当时首屈一指的环境和物业安保服务，也有令人咋舌的租金。据说，公寓的普通间一个月租金在一百至一百五十大洋之间，套间高达二百大洋。须知，当时上海一个普通工人的月工资是四五个大洋，所以，入住的大多是洋行里的外国人以及极少数买办级的中国人，克莱门夫妇也住在这个公寓里。克莱门 1950 年去世，其太太便请来一位白俄管理，据说，当年的克莱门公寓共有 49 名职工，公寓每一栋房子的每一层都有一个服务员。

克莱门公寓在南面两幢楼中间建有一个可容纳百人的大型餐厅，每日供应住户餐饮，这在 20 世纪 20 年代是惊人的先进和奢侈。公寓还设有咖啡厅、跳舞厅、电话间、汽车间、游泳池；在院落中央，有一座造型精致的小喷水池。当时，克莱门公寓一套两室一厅的租金甚至超过一栋上下三层楼的里弄房子。1936 年，这里曾开设有上海第一家室内铺设地板的溜冰场——辣斐溜冰场，进门有寄衣帽间和付款租用溜冰鞋的柜台，场地呈椭圆形。抗战爆发后，改为辣斐剧场，1939 年于伶领导的上海剧艺社曾驻此演出过《日出》《雷雨》《阿 Q 正传》《原野》《文天祥》及夏衍的《上海屋檐下》等剧。1941 年末太平洋战争爆发，日军进入上海租界，剧场被迫关闭。与此同时，停泊在上海港的意大利油轮

"康悌凡尼号"不愿被日军征用，自沉于黄浦江，船员登陆自寻出路。此后不久，克莱门的侄女招募了以船上餐厅和厨房人员为主体的登陆人员，在剧院原址上开设了一家"森内饭店"，供应意大利菜肴及西点。"森内"系英文Sunny的音译，含太阳照耀的、快乐的、快活的意思。森内饭店外观和内部装修全部仿效巴黎高级餐馆。门前有一条拱形屋顶的走廊通向大门，进了大门是一间宽敞的大堂和衣帽间。穿过大堂便是餐厅兼舞厅，面积足有三四百平方米，中间是一个乐台和圆形舞池。由于地段清雅，饭店档次又太高，光顾者不多，生意不温不火。意大利船员在1945年反法西斯战争胜利后，陆续离开了中国。到20世纪50年代，栖居上海滩的西方人也陆续回国，1954年9月饭店停止营业，改为书场。因马路对面原为东华球场（1964年改建为上海跳水池），所以取名东华书场。东华书场设有400多个座位，常有名家来此献艺，1966年后停演，1969年撤销。曾被徐汇区药材公司作为仓库使用。之后，公寓完全成了居民住宅，外貌依旧，对公寓原有的内部格局，进行了分割与改造，已经完全不是原先模样。客房被改造成居民住房，并在原来的过道走廊上，搭建厨房铺设煤气，不少以"老上海"为背景的电视剧与电影，如由曹禺同名话剧改编的电视剧《日出》、经典沪语电视剧《孽债》、许鞍华导演的电影《半生缘》等都曾在这里取过景。

遇见克莱门公寓最早的老住户

热情豪爽的杨佩芬阿姨是克莱门公寓的一位楼组长，1953年就搬到这里，是克莱门公寓的老住户了，如今住在公寓其中一幢房子的一楼。她说克莱门公寓以前的住户中大多是社会中上层人士，有医生、演员、音乐家、幼儿园园长等，其中不乏名人，如3号里就住过京剧名家言兴朋。每一幢公寓里有三个总门，中间一扇，旁边两扇，每扇门里有三到四户人家。她说，"文革"之前，房管所专门有人上门打蜡，一般提前一天，会有人上门通知。公寓里打蜡是流水作业，一家挨着一家，一幢挨着一幢，所以具体到几点钟都是预先安排好的。打蜡工来后，先扫地，然后把一只马口铁的蜡桶放在地板中间，再拿一只短拖把沾了蜡在地板上打，床底下也不会漏掉。这其实是打蜡的第一道工序，名为上蜡。上好蜡的地板，要让它干一两个小时。一两个小时后，打蜡工又来了，这一次才是打蜡，打蜡工带上一把硬木柄的很重的蜡刷，刷面是一块大约一寸半厚、一本书那么大的铸铁，他们顺着地板的纹路，将打上去的蜡一排一排地拖匀拖平，一直拖到闪闪发亮，光可鉴人为止。打过蜡的地板锃锃亮，但这种打过蜡的地板是不能脱鞋进来的，蜡沾在袜子上很难洗，所以打蜡地板人家是从来没有脱鞋进屋的习惯的。想想也是，西区的一些绅士小姐，鞋子本身就是服饰的最佳搭配，脱了鞋，风度也没有了。"文革"后没有专人上门打蜡，但房管所会通知各家各户自己去领蜡，蜡的多少是根据实际住的面积发的，一季度领一次。没有蜡刷，就用布拖把沾上蜡一遍遍地拖，照样拖到能照出人影子来。

听杨阿姨说，这幢公寓的三楼住着一对九十多岁的老夫妻，他们大概算得上是克莱门公寓最早的住户了。他们几乎每个星期都会打一次麻将，一到约定时间，就有三辆小车开进克莱门公寓，四个年岁相仿的老人在一起聊天，喝咖啡，吃蛋糕，打麻将。我眼前当即浮现出老上海电影里司空见惯的画面，便动了想上去见见这两位老人的念头。在我的执意请求下，杨阿姨带着我们上了楼。楼梯是木头地板，栅栏式栏杆也是棕黑色的木头，至今光洁，保养得很好，每层楼梯中部有长长的装饰艺术风格的穹形窗，两侧各有一扇长方形窗，采光很好，所以这里的楼梯间是很明亮的。三个门洞里标志着门牌号码，每个门洞里有三户人家。老人的家在中间那个门洞，我们轻轻敲开了老人的门，老先生说夫人有事出去了，听我们讲完来意，他客气地把我们引进了屋内。老先生姓张，名叫张令福，他不但一点没有轻慢我们这几位不速之客，还客气地为我们泡了茶，让我们在内阳台的圆桌前坐下，显示出老派的绅士风度以及老上海人家的待客礼仪。他说自己原是一家英商颜料厂的会计，新中国成立后到老闸区做会计。因为父母家里房子小，他原先住在亲戚家，结婚要找房子，在报纸上看到克莱门公寓出租房子的消息，就找来了。一看觉得房子和环境都不错，就是房租贵一点，但可以承受，于是就搬了进来。那是 1951 年。张先生在这里一住就住到了今天。他回忆说，克莱门公寓的五栋房子格局基本上没有动过。每一层楼面有 9 户人家，大门进去有三扇门，各自住着 3 户人家。中间一套，左右两套。不过，他搬进来时，公寓的服务员名存实亡。后来，克莱门太太回到法国去了，公寓被接管。原先克莱门公寓的职工被安排在徐汇区房管部门工作。

张先生的家整齐干净，家具摆设一看就是老上海风格的。布艺沙发、桌子上和茶几上的玻璃下铺着白色镂花桌布。洒满阳光的内阳台东侧有很大的穹形窗户，漆成和墙壁一样的乳白色。东窗前放着一张独脚小圆桌，上面摆放着一盆绽放着艳红花朵的蟹爪兰。一侧通向卧室的大方格子玻璃落地门，有白色透明窗纱，门两侧各置一个方茶几，也铺着白色勾花台布，上面一边放着一盆蟹爪兰，一边放着一盆仙客来，绿油油的叶子、红艳艳的花朵把屋子衬托得生机勃勃。阳台面南有一排长长的玻璃窗，临窗放着一张八仙桌，想来每周的麻将会就是在这张桌子上摆开的，窗外透出克莱门公寓的身影，阳光下四位耄耋老人围坐在一起谈笑风生地打麻将，这是最上海的风景。临客厅一侧是一排带气窗的落地门，通向客厅。客厅一侧通书房，一侧通卧室。老人家指着窗户外庭院中心一大片黑色油毛毡盖着的屋顶说，那就是昔日餐厅所在地，我们以前就在那里吃饭，现在是一家企业在用。旁边一排平房就是当年的汽车间，现在也做其他用处了。

告别老人后，我们按照老人家的指点很容易地找到了那个昔日的餐厅和舞厅，那正是我始终感到好奇并寻觅已久的所在。从外表看，这是一个有着不规则半圆形顶的房子，奶黄色屋顶上面有红色方块几何图形，和周围镶嵌着的红砖外墙相呼应，两侧设置长方形钢窗，中间是两扇严丝合缝的大铁门，铁门上方有圆弧形镶嵌红砖的装饰，门前有二级台阶。屋子里面早已改了格局，成了一间间员工宿舍。转向屋后，依然是红砖镶嵌几何图形的砌墙，一如克莱门公寓的气派。这个当年做过多种用途的餐厅是圆形的，钢窗保存完好，尤其是墙边的落地钢窗虽已斑驳，却还是傲然屹立，依稀可见昔日风范。屋后是一个不小的院子，中间一棵有年头的香樟树，绿荫如华盖，似乎在竭力遮掩着院子的残破。院子一侧有一扇花瓶门，地上铺着碎石子，面朝房子有几个蘑菇亭，亭子下有可供休息的曲尺形石头长条凳，看起来像是当年旧物。院子里有花草，还有一株棕榈树，伴着香樟树，长得也已很高了。当年住户在这里用完餐还能到院子里散步，在闹市中心有这样一个世外桃源般的去处，也真是不错了。院子的后门通往汾阳路，现在用作一家企业的宿舍兼仓库。

克莱门公寓的住户没有产权，现在他们还是租户，不过，房租不高。张先生家那么大的房子，租金才 200 元出头，张先生说那已经是涨过的了。

法语翻译家周克希先生

其实，当初选择写克莱门公寓有很大的原因是因为法国文学翻译家周克希先生，我是数年前应徐汇房管局老局长朱志荣先生所约，和周克希先生在衡山路一家咖啡馆见面的。他对法兰西文化的娴熟令我赞叹，得知他住在克莱门公寓，更是激发了我的兴趣。当时就觉得从气质上来说，他是和这幢法国式公寓最匹配的。周克希于 2002 年搬到克莱门公寓并居住至今，在搬到克莱门公寓之前，他曾住在陕南邨。但是，周克希的岳父母家就在克莱门公寓，他的夫人是在克莱门公寓长大的，所以他对克莱门公寓的熟悉不亚于里面的老住户。

今年年初，我约了周克希先生在克莱门公寓对面的上海交响乐团咖啡厅见面，虽然那里的咖啡一般般，但人少，很安静。许多年没见到周先生了，他依旧那样温润如玉，一派谦谦君子之风。周克希先生 20 世纪 80 年代去巴黎高等师范学院进修过两年，2003 年又得到法国文化部的资助，去巴黎住了三个月。两次去巴黎，他都觉得巴黎虽然有些旧，但那种味道跟老上海的法租界很相像。他说走在巴黎街头，恍惚间会觉得就在自己家门口的复兴中路上漫步。这一带的建筑、氛围的确和巴黎有些相似之处。后来他的法国朋友来克莱门公寓看望他，感觉克莱门公寓很法国，走在公寓前的街道上竟然有一种在自己家乡的感觉。

周先生告诉我，克莱门公寓的建筑和陕南邨（原名亚尔培公寓）很像，也是清水红砖的饰面，外墙拉毛的风格也都相似。室内钢窗和画镜线的样式、天花板和墙壁衔接的弧线乃至门上的球形玻璃把手，也都在暗示这种同一性。不过，陕南邨的钢窗是往里开的，克莱门公寓内的钢窗是往外开的。确实，如周先生所言，克莱门公寓与陕南邨长得很像，建造年代也相近，陕南邨建于1930年左右，也是天主教普爱堂的产业。陕南邨位于复兴中路北面的今陕西南路151—187号。每幢建筑的平面呈长方形，门头和楼梯的部位外凸，多坡红瓦屋顶，清水红砖与黄色水泥拉毛饰面构成的线条、图案，色彩对比强烈，所以会令周先生有似曾相识之感。周先生现在住的是克莱门一幢公寓三楼的两套，各30平方米，两堵墙中间有一扇门，可以连通。当时，搬过来是因为岳母就住在同一楼层。上得三楼，往左是周克希家，往右边便是他岳母家，彼此照应方便。

周先生的岳父毛楚恩是意大利小提琴家富华的学生，和谭抒真师出同门。在上海交大读书时，毛先生和钱学森都参加了校乐队，毛先生拉小提琴，钱先生吹圆号。毛先生是工部局乐队的乐手，当年报考工部局乐队时，凭的是学过的长笛。录取后，分在了小提琴声部，乐队整编成上海交响乐团后，仍是小提琴演奏员。香港影片《清宫秘史》后期配音时，制片厂从工部局乐队借调了三位乐队成员：指挥黄贻钧、小提琴谭抒真、长笛毛楚恩。毛先生还是傅雷的好友，

"文革"前，傅雷打桥牌总找他做搭子。周克希和毛家大公子是同学，两人很要好，毛公子长得很英俊，小提琴拉得好，周克希跟他学琴，后来成了他的妹夫。婚后一直住在陕南邨。儿子长大后，陕南邨的房子不够住了，周克希辗转搬到克莱门公寓，和丈人丈母比邻而居。傅聪成名回国后，几乎每年都来看望毛楚恩，性格安静的周克希就坐在一旁默默地听他俩叙旧。周先生说自己不止一次想请傅聪先生即兴弹一曲，终因顾虑家里的琴不够好，始终不敢开口。有一次潘寅林来向他岳父借帕格尼尼的《钟声》曲谱时，周先生鼓起勇气请他演奏一曲，他爽气地答应了，当即拉了首曲子，优美的旋律在克莱门公寓里回荡，和整个环境居然如此相得益彰，令周先生觉得美妙无比。

　　周克希先生是法语翻译家，那天，他带来了两本新作送我，一本是他的随笔集《草色遥看集》，一本是他翻译的《包法利夫人》，这两本书都是周先生在克莱门公寓里写（译）出来的。可以想象他在这所法国公寓里伏案疾书的场景。周克希说福楼拜的文字有音乐性，有评论家甚至夸张地说，他的文字是可以在钢琴上弹奏出来的。他的文体之讲究，用词之妥帖，语句之富有节奏感，在阅读原文时随处可以感觉得到。作为译者，周克希想把福楼拜的这种文字感觉传达出来。《包法利夫人》先前已经出过好几个译本，再重译一遍，看上去似乎是很轻松的事。其实不然，这部篇幅并不算大的小说，周先生译了整整两年。译文一改再改，几易其稿。每天早晨起来后，他就端坐在窗前的书桌前，连续工作好几个小时。他在书后的《译书札记》中写道："其实，脑子在紧张地转动、思索、搜寻，在等待从茫茫中隐隐显现的感觉、意象、语词或句式，性急慌忙地逮住它们，迫不及待地记录下来。每个词、每个句子、每个段落，都像是一次格斗乃至一场战役。卫生间近在咫尺，但不到'万不得已'，我不会从写字桌前立起身来。我唯恐思绪一旦打断，会难以再续，我担心那些感觉和意象，会倏尔离我而去。"

当年，周克希的父亲从浙江松阳走出来，到杭州考入浙江大学数学系，认识了他母亲，之后双双辍学投身抗日救亡运动，一路颠沛流离，到福建永安生下了周克希。在他三岁时，父母带着他一起来到了上海。父亲在教育局主管中学教材工作，母亲学的是农林，后来担任上海人民出版社的编辑。周克希从小喜欢文学，据他长辈说，他五岁就在看《水浒传》了。但中学毕业后，他却依从母亲的心愿去学数学，考入了复旦大学数学系。从复旦大学数学系毕业后，周克希去了华东师范大学数学系当老师。人在数学系，周克希喜欢文学的心依旧，因为喜欢法国文学，他想阅读法国原版小说，正好周克希岳母的一位朋友认识徐仲年先生，这是一位资格很老的法文教授。周克希去看他，说自己想学法语。徐先生就为他介绍了蓝鸿春老师，她是上外的法语教师，周克希告诉蓝老师，自己并不要一本正经地学法文，只是想看看小说。蓝老师说不行，要学就一定要用北外的教材学，而且要从语音学起。周克希说，当时没有学费一说，顶多家里做点心时给蓝老师送点儿去。就这样，他跟着蓝老师学了将近两年。很多年以后，周克希带着自己翻译的《追寻逝去的时光》第一、二卷的译本去看蓝先生，那时她已患阿尔茨海默病，同去的淳子老师问她："蓝先生，看看谁来看你了，你认得吗？"她马上说："周克希，我怎么会不认得！"这让周克希非常感动。蓝先生也许不知道，她在周克希身上埋下的法国文学种子，在悄悄地萌芽生长着。

1980 年到 1982 年期间，周克希作为访问学者被学校委派去法国巴黎高师进修黎曼几何。巴黎高师是法国的贵族学校，是一个很美也很有人文气息的地方，这段经历神奇地触发了周克希内心的本性，让他觉得，一个人真正选择自我，并不是一件离经叛道的事。暑假学校出资安排学生到法国南部度假。法兰西的浪漫迷住了年轻的周克希，进一步激活了他那颗热爱法国文学的心，在他心里埋下了改行的勇气。从巴黎回来后，他开始陆陆续续翻译了一些法国文学作品。说来也真有意思，这位口碑很好的大学数学老师，在华东师大数学系执教二十八年之久，却有些"身在曹营心在汉"，人在数学系，心却在文学翻译。1991 年，周克希和韩沪麟合译出版了大仲马小说《基督山伯爵》。

　　第二年，在他五十岁那年，周克希做出了一个重大的决定：转行去上海译文出版社当外国文学编辑。译文出版社的总编对周克希表示非常欢迎，但要他慎重考虑。总编说："第一，你现在是教研室主任、研究生导师，但来了出版社就是普通编辑。第二，你现在是副教授，但来这儿若干年内不大可能有晋升机会。第三，若干年内也不大可能考虑给你调整房子的问题。"总编说得没错，转行在经济上对周克希来说没什么好处，朋友也劝他说："你不妨留着大学老师的工作，将翻译作为自己的业余爱好。"但是此时的周克希已经有了一种紧迫感，他太热爱法国文学了，他必须要立刻全身心地投入。他深知有所失才能有所得的道理。于是，周克希在他知天命之年，义无反顾地辞职转行去了上海译文出版社，开始全心全意做一名法国文学译者，从此译作不断。周克希在之后的十多年时间里，以一己之力翻译了法国文学巨匠普鲁斯特的长篇小说《追寻逝去的时光》中的第一、二、五卷。他还翻译了大仲马的《基督山伯爵》，这是他重起炉灶的新译本，还有大仲马的《三剑客》、福楼拜的《包法利夫人》，以及《小王子》等脍炙人口的经典名著和《幽灵的生活》《格勒尼埃中短篇小说集》等当代重要作品。这些翻译作品现在已一并收入《周克希译文集》。一系列高质量的译作让人们眼睛一亮，读者很快记住了周克希的名字。不过，天性淡泊的周克希并不在乎名声，他看重的是自己能否传递出原著的精髓。他的翻译作品读起来有一气呵成之感，让人会以为他译得很快，但实际上他的每一部翻译作品都是"七改八改"（他自己的说法）、反复打磨改出来的，起码要经过三四遍修改才能成稿。周克希说："我是从译文出版社退休的，有固定的退休收入。"从这个意义上说，我不需要靠翻译谋生。正因为有了这样的底气，所以翻译于他，有一种近乎纯粹的意味。在他心中，翻译文学作品犹如跑全马，要用狮子搏兔的力气去投入，然后要像熊妈妈舔熊宝宝那样，慢慢地把文字的意思舔出来。为此，他惜时如金，拒绝了很多应酬和交往，给人感觉有点"六亲不认"的味道。记得有一次，我得了两张上海大剧院的芭蕾舞票，想请他去欣赏，电话里一说就被婉拒了，从此便再也不敢打扰。

想起周先生说过的一件事，那就是以前克莱门公寓的楼梯是打蜡的，孩子们常会沿楼梯扶手从二楼滑到一楼，感觉这个画面好美。

阿诺德 麦基 礼德

蒋 杰

　　现在的复兴中路 1367—1377 号，坐落着一排法式建筑风格联排住宅。官方材料显示，这排住宅始建于 1925 年，不过它可能早在 1922 年就已落成。这片住宅占地面积约为 864 平方米，二层砖木结构，六个单元联体排布于复兴中路与宝庆路交口处。建筑为清水红砖外墙，沿街立面装饰元素丰富，窗楣采用半圆拱券、弧券和平券等多种红砖砌筑形式，券顶砌筑水泥块券心石，半圆形窗楣板上浮雕奖杯彩带和卷草花饰纹。屋顶原来建有几座高出屋面的大烟囱，不过现在都已拆除。住宅北侧临街入口设有单柱式门廊，精巧而别致。南立面设有四根贯通两层的方形木柱，二层前部原为内阳台，外侧皆有木质雕花栏杆，不过现在都已拆除改建为房间。南部花园原有大门通往相邻的车库，现亦改建。建筑底层建有地下室，其中部分用作锅炉房。室内采用壁炉和热水汀双重供暖系统，壁炉至今保存较好。室内局部有改建，总体保存一般，局部精致的木结构略显该建筑当年的风采。该处排屋原为外侨住宅，抗战胜利后部分市民购得，现为民居。

复兴中路 1367—1377 号主入口

复兴中路 1373 号（贺平　摄）

复兴中路 1367—1377 号北立面

酷爱运动的外国大班——阿诺德

1367 号曾居住过一位叫做 E. Lester Arnold 的澳大利亚外侨。众所周知，民国时期的来沪外国人往往都会给自己取一个中文名字，遗憾的是我们至今没有发现这位 Arnold 先生的中文名字，所以按照今天标准的译法，只能将他称作莱斯特·阿诺德先生了。

莱斯特·阿诺德，1888 年生于澳大利亚悉尼。1904 年前往香港，在英军驻港部队服了四年兵役，随后来到上海。在 1922—1927 年长达五年的时间内，辣斐德路（今复兴中路）1367 号就是他在上海的住所。

阿诺德在上海的职业，主要是充当英商驻沪洋行的经理和董事。他先后服务的企业包括老公茂康记保险公司、老公茂纺织局和可的牛奶有限公司等。老公茂康记保险公司（Commercial Union Assurance Co., Ltd.），是一家从事保险业务的英商企业。这家公司早在 1861 年就已成立，总部设在英国伦敦。1867 年前后来华开展业务，主要经营火灾保险，同时也兼及寿险、水险。公司先后在上海、香港、福州、汉口等地设立代理机构，但由于各地代理商有所不同，公司的中文名称也因地而异，如在香港就被称为"金孖素於仁燕梳公司"，在国内其他城市也被称为"商业联合""益昌""老晋隆""新茂"等。在上海，因"老公茂洋行"（Ilbert & Co., Ltd.）长期充当其总代理行，所以被称作"老公茂康记保险公司"。1891 年，公司改组为有限责任公司，业务范围也开始由原先的险种，拓展至灾害、盗难、玻璃、汽车等保险业务。作为老上海重要的保险公司，老公茂康记保险公司的资本颇为雄厚，1939 年时实收资本已达 44 567 800 元。1922 年，三十四岁的阿诺德出任公司的经理助理，到 1937 年他已升任经理一职。

老公茂纺织局是另一家阿诺德服务的公司。老公茂纺织局（Laou Kung Mow Cotton Mill），又被称作"老公茂纱厂"，是上海一家老牌英商纺织厂。1895 年中日《马关条约》签订后，外商终于获得在华开设工厂的权利。为了抢占利权，当时的东西方列强纷纷登陆上海开设工厂，老公茂纺织局就在这股大潮中应运而生。1897 年，四家外商纺织厂先后在沪成立，分别为怡和、老公茂、瑞记和鸿源。前两家属于英商资本，后两家则分属德商、美商。老公茂纺织局的创始资本仅为 72 万两，在四家当中规模最小。"一战"爆发以后，四家欧美纱厂都陷入衰退之中，或合并或转售，硕果仅存的只有怡和一家。1925 年老公茂纺织局被日本资本收购，成为日商企业。1920 年前后，阿诺德已成为老公茂纺织局的董事会成员。

除了上述两家公司以外，阿诺德还出任过英商"可的牛奶有限公司"（Culty Dairy Co., Ltd.）董事。坐落于霞飞路（即今淮海中路）1576 号的"可的牛奶"，是民国时期上海重要的牛奶供应商。该公司创立于 1911 年 8 月，成立之初为英商独资企业，后改为中英合办。抗战爆发后，中资撤出，再次变为英商独资。太平洋战争爆发后，被日本势力强行征收。经过近四十年发展，在 1949 年前后可的牛奶已成为上海规模最大、设备最先进的牛奶企业。

阿诺德不仅是个洋行大班，同时也是一位运动达人。在 20 世纪上半叶，他曾是一位上海外侨社会颇为知名的高尔夫球手。来到上海之初，阿诺德便加入了"上海高尔夫球俱乐部"（Shanghai Golf Club），此后经常代表俱乐部外出参赛。1925年8月，在俱乐部举行的月度冠军赛中，阿诺德还获得过甲组冠军。

工部局代理总办——麦基

在1367—1377号住宅的众多住客当中，麦基是另一位值得一提的人物。

McKee John Matthews，中文名麦基，1883年4月30日出生在今北爱尔兰利斯本（Lisburn）。1906年，年仅二十三岁的麦基来到上海，开始他的"冒险家"生涯。1908年，他在公共租界工部局谋得一份差事，此后他先后担任过万国商团委员会委员、工部局助理秘书及副总办等职。1928年，开始出任工部局代理总办。1934年12月31日，正式退休，此时他为工部局已整整服务了二十六年。

1911年10月25日，麦基在上海与Florence Annie Cattelle小姐喜结连理。海丰路100号曾是他们一家在上海的住所。1936年，麦基举家迁入坐落在法租界西区的辣斐德路（今复兴中路）1373号居住。不幸的是，在当年10月他的妻子就在此处病逝了，时年四十三岁。（有关麦基一家在辣斐德路的住址，有两种说法：第一种是辣斐德路1373号，这种说法主要见于《字林报行名簿》；另一种说法是辣斐德路1363号，这条信息来源于《北华捷报》，见该报1936年10月7日第40页。我们认为后一种说法可能有误。因为根据《字林报行名簿》的记载，辣斐德路1363号在1935年至1941年之间，一直由一户叫做Scheunemann的外侨居住。）由于资料匮乏，我们无法确知麦基何时搬离这处住所，但从目前材料来看他至少在此处居住了五年左右。

麦基先后担任过的工部局副总办、代理总办一职，这是一个类似政府秘书长的角色。因此，无论是市政规则的制定、管理章程的发布，还是土地转让、捐税征收，他都会介入其中。此外，他需要处理公共工程招标、卫生防疫及社会风化等事宜。20世纪30年代的上海，还是一个中外矛盾聚集的"火药桶"，因此协调中外关系，维持租界的繁荣与稳定，也构成了麦基工作最重要的一个组成部分。如果有人说麦基是20世纪20—30年代上海最繁忙的人之一，或许并不为过。

1931年九一八事变爆发后，上海市民群情激奋。各界人士不仅发起了支援东北的运动，同时还敦促政府对日宣战，收复东北。另一方面，在沪日侨因有驻沪日军撑腰，也蠢蠢欲动，不断挑起事端，以致上海的中日关系十分紧张。10月2日，驻沪日本海军陆战队擅自登陆并进行示威，虹口一带的日侨也肆意横行，制造冲突。在这种紧张的局势下，上海租界纳税华人会直接致信此时担任工部局代理总办的麦基，要求他负责处理这一事件，阻止日军、日侨暴行，否则租界内华人将"自谋正常保卫之道"。由于事关租界安全与法制，工部局对此事件不敢小视。12月20日，由总董麦克那登出面召集日本驻沪总领事村井，董事会日籍董事福岛、冈本以及日本驻沪海军司令官、工部局秘书长等，在工部局召开会议，共商解决办法。

电影这一新生事物自1896年被引入上海之后，就颇受当时中外人士的欢迎。然而，上海作为一个五方杂处、中西交融的国际都市，由于人们在宗教信仰、道德观念、民族情感等方面存在诸多不同，所以电影虽然颇受欢迎，但电影的内容却常常成为各种矛盾的导火索。因此，尽管工部局对电影审查问题不遗余力，但仍常常被卷入种种纠纷当中，而作为代理总办的麦基又常常处在风暴中心。

1928年6月，上海租界纳税华人会秘书陶乐勤，代表纳税华人会致信麦基。他在信中指出，日本人在济南拍摄了有关"济南事变"的影片，并打算在租界内以非公开的方式上映。陶乐勤认为日军在山东的暴行与人道相背。而此时准备在租界放映此片，则是要达到贼喊捉贼、嫁祸于人的目的。他深恐此片在租界上演，可能会激起华人公愤，从而影响租界的治安与稳定，因此希望工部局能够进行一次调查，对这部影片实施监督管理，避免引起不必要的麻烦。

6月12日，该片开始在租界内放映，包括日本副领事、工部局警务处代表在内共有50名观众观看了放映。该片的内容主要包括日本海军高级军官的形象、日军抵达青岛、炮轰济南和战后复原的部分场景。随后警务处代表致信麦基，认为没有必要禁演该片。因此，麦基在6月15日回信告知纳税华人会，警务处已对此片进行调查，认为没有必要禁播。且该片只用于私下放映，所以不会引起异议，也不会引起敌意。

无独有偶，五年之后麦基不得不再次处理由中日矛盾所引发的电影纠纷。1932年一·二八事变以后，上海强生有声彩色制片公司拍摄了一部名为《一个十九路军士兵》（A Soldier of the 19th Route Army）的影片。1932年7月8日，该片在圆明园路21号的光陆大戏院接受预审，结果没有通过。当局给出的理由是当时的中日关系仍较为紧张，如果允许此片放映，可能会危害租界的和平和秩序。然而，强生公司的老板强生（W. H. Jansen）并没有气馁。在他的力争下，电影审查委员会于 7 月 19 日在南京大戏院对此片进行重审。这一次共有 8 人参加了审查，其中 5 人代表工部局，3 人代表公董局。最终的结果是 5 票赞同，3 票反对，《一个十九路军士兵》获得了放映许可。

第二次审查的结果，反映出了工部局和公董局在电影审查方面的分歧。公董局的态度非常强硬，他们认为该片反映了中日两国的矛盾和冲突，可能会危害租界的和平和安全，所以拒绝发给放映许可证。然而，工部局电影审查委员会中的大多数成员都通过了该片的放映要求。这一分歧使得工部局陷入了一个进退两难的尴尬境地。一方面，工部局和公董局此时正在寻求电影审查方面的进一步合作，因此需要尊重法租界的意见；而另一方面，如果尊重了公董局的意见，就等于直接否定了工部局电影审查委员会的权威。所以，在第二次审查结束的五天之后，强生公司仍未能获得租界当局颁发的放映许可证。最后这个烫手的山芋还是落在了麦基的手上。

8 月 4 日，麦基代表工部局致信强生，告知由于当前的政治形势不稳，如果电影着重表现民族感情方面内容，很可能会妨碍到公共租界的和平与秩序，因此工部局最终决定禁止《一个十九路军士兵》在公共租界内放映。他在信中还指出，在中日关系没有回复正常之前，公共租界内的电影院都将禁止播放以中国本土为题材的战争影片。

道达洋行合伙人——礼德

在这排西式洋房靠近宝庆路一侧的 1375 号，曾居住着一户姓 Read 的外侨家庭。他们一家至少在这里居住了五年之久，起止时间大概在 1930 年至 1934 年之间。这家的男主人全名叫做 W. Stanley. Read，来到中国以后他给自己取了一个颇为复古的中文名字叫做"礼德"。

礼德是一名建筑师，也是一个洋行老板，但与当时旅居上海的大多数西侨有所不同。他为人非常"低调"，既不喜欢在当时流行的各种《名人录》和《行名录》上发布自己的信息，也很少在媒体上抛头露面，以至于今天我们很难获取到他足够的个人信息。我们甚至无法确定他来沪的确切时间，只知道在 1914 年时他已开始担任上海海关的制图员。而五年之前，他还在日本横滨的一家建筑师事务所工作。

尽管礼德为人十分低调，但他后来供职且成为合伙人的英商道达洋行（Dowdall & Read）却是大名鼎鼎、享誉上海的。这家公司以建筑设计、土木工程、土地买卖和房屋租赁为主要业务。他们在上海的代表作，包括 1884 年建成的苏州路新天安堂和 1910 年落成的徐家汇圣依纳爵堂，即徐家汇大教堂。

道达洋行创始人 William Macdonnell Dowdall 于 1843 年出生在爱尔兰的都柏林。1882 年，年仅三十九岁的道达第一次来到上海。来到中国以后，他可能根据自己名字的音译，取了一个叫做"陶威廉"的中国名字。1883 年，他便以这个名字创办了在上海的第一家公司——陶威廉洋行（Dowdall W. M.）。这家公司最初坐落在福州路 21 号，1886 年迁至四川路。1888 年，他把公司中文名字更改为"道达洋行"，自己的中文名字也改成了"道达"。

道达在上海的第一个重要设计，是苏州河畔新天安堂。天安堂是开埠早期上海外侨重要的宗教场所，1886 年由原址迁往苏州河畔重建。由于当时上海的外国建筑师人数有限，所以设计工作就落在了来沪不满五年的道达肩上。他为这座教堂选择了单层砖木结构，带有哥特特征的晚期罗马风格。在沿苏州河一侧的立面，还设置了高达 33 米的钟塔。这座塔楼在很长一段时间内，曾是苏州河畔的天际线所在。

1904 年，天主教耶稣会计划在徐家汇老堂南侧修建新堂。大概是得益于新天安堂的成功，道达又获得了徐家汇新天主堂的设计委托。这次他共耗费了 12 个月时间，为教堂制定了一种杂糅了英国哥特式和法国文艺复兴式风格的设计方案。教堂最终在 1906 年动工，1910 年完成所有的建造工作。建成后的新堂坐西朝东，大堂进深 79 米，宽 28 米，正祭台处宽 44 米，堂脊高 28 米，钟楼高约 60 米。堂内设有楹柱 64 根，设计之初的容纳人数仅为 1 200 人。

得益于在上海建筑行业取得的突出成就，道达被吸纳为英国皇家建筑师学会会员及土木工程师学会准会员。在 1910 年前后，他还担任了旅华建筑师协会会长。除了经营洋行以外，道达也是一个热衷公共事务的人。他曾一度出任江南海防顾问工程师，还 4 次当选为法租界公董局董事会董事，3 次出任副总董。与此同时，他还参加公共租界准军事化武装万国商团的活动，退役时已是上校军衔。在上海生活的三十七年间，他只回过一次英格兰。1919 年，道达正式退休。1928 年 5 月 21 日在英格兰苏塞克斯的霍夫去世。

1920 年，礼德加盟道达洋行，公司也启用了"Dowdall & Read"的新名字，同时增添测绘和房地产经纪业务。1925 年后，礼德自创"礼德洋行"（Read W. S.）继续经营地产业务，公司分别在北京路、仁记路、九江路、四川路以及公馆马路办公。1930 年，礼德将道达洋行的英文名称改为 W. S. Read，五年之后，他将洋行的中文名字也由道达改为了礼德。在上海存在了近五十年的道达洋行就此退出了历史舞台。作为旧上海一家重要的地产公司，礼德洋行拥有大量产业，其中很多就聚集在法租界的霞飞路、辣斐德路上，如霞飞路 1016 号、辣斐德路 1295 号等。

为什么叫剑桥角公寓

钱宗灏

　　剑桥角公寓位于复兴中路 1462 弄内。编委会指定我写这处历史建筑时曾附带说了句话："这处房子的资料很少，也没啥故事，要难为你啦!"

　　"剑桥角"？我脑海里迅速地过了一遍，不记得英国剑桥有这样一处地名，但也未及细想就应承下来了，直到过完春节编委会来催稿了，才冒着今冬连日的淫雨去实地踏勘了一番。目的地刚好在一处巴士车站边上，外面看上去是一条普普通通的新式里弄，很安静的感觉，入内也无人打扰。呼吸着清新湿润的空气，在弄内各处细细地看了看：冒出酱红色嫩芽的冬青叶、孕育了花苞的枇杷树预示着春的临近；楼上人家窗口挂着的滴水的拖把、弄底的白瓷水斗，以及上了锁的水龙头都透露着日常生活的气息；一户门框边刻着 Dot Collection 木牌的淘宝网店铺和几家小小的 Studio，则给这里增添了时尚的商业氛围。一圈转下来，发现内里乾坤真还有不少可圈可点之处呢。

　　据文献记载这条里弄建于 1934 年，它的英文名称是 Cambridge Court，如果按照英文原义理解，也许该译成剑桥花园更合适，不知中文为什么却译成了"剑桥角"，可能是

剑桥角公寓（贺平 摄）

按 Court 的沪语音译的吧？想到这里不禁哑然失笑，再想想时间一久，大家都叫顺了口，也就无人去探究这个"为什么"了。另外，整条弄堂的占地面积确实不大，编委会说大约才 871 平方米，倒也有点符合"角"的意味。不过建筑容积率很高，经测量建筑面积约有 2 403 平方米。开发商对土地的利用可谓已达到了极致，符合上海寸土寸金的说法。

Court 一词在英文里通常是指法院、法庭；还有的是指院子，但不是那种乡村里的农家院子，而是专指那种有花匠精心打理的、宫廷里的庭院。到了工业革命以后的近代，城市里大兴土木，由于 Court 在人们心目中存有美好印象，就被房产商们挪用过来成了一些高端物业的名称。其实离剑桥角公寓不远的地方还有几处也被称作 Court 的地方，其中之一是霞飞路 1273 弄的 Jubilee Court，中文依照开发商的名号称作新康花园，那才是正确的译法。

剑桥角公寓位于宝庆路与淮海中路之间的复兴中路末端，往西过了聂耳像花园就是复兴西路了，区位环境自不待言。可惜连日来费心劳神地查找史料，却事倍功半、收效甚微，至今仍未找到建筑的原始设计图纸，故也无从得知开发商、建筑师和业主都是有些什么背景的人，这是我写这篇文章的一个大缺憾。不过按照数月前田野调查得到的印象，按建筑的类型来区分，我觉得它应该属于里弄式的公寓住宅，就是像国泰电影院旁边的淮海公寓那种。钢窗蜡地，内部生活设施完备，开间不大但成套率很高。外观上看似三层楼的砖混结构，墙面有漆成绿色的矩形钢窗，人字坡屋顶后面还设有公用的露台。辅助入口也同样考虑得十分周到，除了大多数盖有悬挑的雨厦外，更有几幢房子特别设计了一个可挡风雨的门廊，买菜回来的家庭主妇或晚归的主人可在这里略歇下脚，从容地收伞或整理一下什么。

　　建筑最显山露水的地方，是一层外墙的清水红砖砌得特别高，一直要到二层的窗沿口为止，二层以上则是用通常的水泥砂浆粉刷，远远望去就像给房子穿了条红裙子，色彩对比十分强烈。近看还可以发现这砖墙砌得着实不含糊，匠人不断地变化着砖的砌法，除了大部分为一顺一丁的英式砌法外，还有横着砌的、竖着砌的、排列着砌的、圆拱形砌的，譬如12号的主入口就是一个砖砌的拱形门洞，工匠师傅好像在有意告诉人们：瞧我玩得多溜，会那么多的砌法！

　　早期住在这里的居民中曾有好几户老外。有记录的分别是：住在弄内2号的基督教牧师西德尼太太（Rev. & Mrs Sidney）、安德森牧师（Rev. R. Anderson）和在基督教监理会（Methodist Episcopal Church，South）供职的克莱因医生（Dr. J. W. Cline）；住在6号的鲁道夫·亨克尔（Rolf Henkl），他的身份是上海美童公学的法语教师，就是那家位于衡山路上的著名的美国学校；住9号的斯特利（H. S. Staley）先生，他是上海美通汽车公司（Bills Motors）的客户服务部经理；住在10号的是退休的迈尔斯（D. F. Myers）夫妇和他们尚未出阁的女儿佩吉（Peggy Myers）小姐。但是到了1945年抗战胜利以后，随着东西方局势的变化，这里的居民成分也发生了很大的变化。

　　现在剑桥角弄内仍然是建成之初就有的那14幢房子，建筑养护得还不错，弄口复建了铁栅门，也很少见到乱搭乱建。仔细观察，弄内的房子共分成4个单元组，它们还不是按照通常的行列式布局，而是依照一种向心的规则来布局的，中央是个长圆形的大花坛，整个小区确实有一种庭院的感觉，我想也许这就是当初被称为Court的理由了。其中1

号和 2 号南向临复兴中路，通风采光条件比较好，但环境有点嘈杂；3 号至 10 号的 8 幢房子对峙在主弄的左右，虽然中间有种着树木的大花坛，但毕竟房屋呈东西朝向，居住的环境品质并不佳；弄底 11 到 14 号的 4 幢房子才是环境最佳的，不仅朝南，而且离开外面的马路有一段距离，比较安静。看到文献中原来弄内的 13 号是以 12A 来代替的，这是西方人的排号习俗，据此也能猜测到开发商应是外国人，当初的目标住户也是定位于上海的侨民。

这种围绕着一个中央花坛布局的房子在上海虽不是很常见，但它有一个优点，就是在这种 Court 里住久了的居民自然会产生一种向心力，对小区事务容易产生参与感，关心社区的程度也会比住在行列式布局里弄的居民强一些。我青少年时代是住在行列式布局的石库门里弄里的，暑期乘凉时往往听得到前楼姆妈后楼好婆们唠叨的一些家长里短，但凡是前面横弄堂里发生的事情她们就不太关心了。而在剑桥角，我见到了即便有人在门口堆放一些杂物也是比较有节制的，公共环境共同维护嘛，过分了肯定有人说的。可能这些也仅仅是个人观察后的联想，不知事实是否确实如此。但无论如何，它是西方民居形态在上海的一个不多见的实例。这个实例证明了海派文化的多元性，自然也包括了这种居住形式。2015 年 8 月 17 日，上海市人民政府公布其为上海市优秀历史建筑，我希望它能够作为一种涵构在城市时序脉络中的证物长期地保存下去。